Alain Bec

Le chemin oublié des rois vikings

Le chemin de Saint-Olav

Une grande randonnée du sud au nord

de la Norvège

A Elora et Yannick, mes enfants.

A Nadine, mes remerciements pour ses nombreuses relectures et corrections.

Si le lecteur le souhaite, il pourra avant, pendant ou après sa lecture, consulter les photos de cette aventure classées par journée de marche sur mon blog :

stolavway.canalblog.com

Prologue

Sans le web, cette aventure n'aurait jamais existé. Pourtant, ce ne fut pas internet qui me révéla l'existence de ce chemin qui mène aux tombeaux des rois vikings, mais une norvégienne que je rencontrai, un soir, dans une albergue en Espagne, à mi-parcours de la Via de la Plata, l'une des voies qui converge vers Saint Jacques de Compostelle. Au cours d'une conversation sur les différents chemins français empruntés par les pèlerins pour aller se recueillir sur la tombe de l'apôtre Jacques, elle m'annonça fièrement que la Norvège avait également son grand chemin de randonnée et de pèlerinage. Celui-ci partait d'Oslo pour arriver à Trondheim, ville qui s'appelait Nidaros au Moyen Âge. Ma curiosité fut mise en éveil mais je m'aperçus très vite que ce chemin devait être bien discret et peu connu car la pèlerine ne put m'en dire davantage que son point de départ et d'arrivée.

Le soir, j'écrivis le compte rendu de la journée dans mon journal de marche avec ces quelques annotations : *effectuer des recherches sur un pèlerinage en Norvège.* Puis je continuai mon chemin tranquillement jusqu'à Santiago de Compostela.

A mon retour, je repris mes notes pour créer un blog, chose habituelle qui m'occupe une partie de l'hiver et à laquelle je m'astreins à chaque grande randonnée[1].

Je relus avec intérêt mon annotation sur ce pèlerinage norvégien et je consacrai immédiatement quelques minutes de mon temps pour effectuer des recherches plus approfondies sur le web. En saisissant « *pèlerinage Norvège* » dans un moteur de recherche, j'obtins une multitude de réponses, notamment le nom anglophone donné à ce pèlerinage : « *St Olav's way* », mais aucun détail précis sur l'itinéraire, les kilomètres à parcourir entre les étapes, les endroits pour dormir ni les points de ravitaillement. Toutefois, j'appris que ce pèlerinage était lié à la tombe d'un roi viking, guerrier norvégien converti au christianisme et devenu un saint particulièrement vénéré dans les pays nordiques, notamment en Norvège. Plus j'avançais dans mes lectures, plus mes recherches aiguisaient ma curiosité. Ainsi, je découvris les récits des peuples de Scandinavie appelés Vikings mais plus justement Normands, décrits comme des barbares sanguinaires, pilleurs et violeurs semant la terreur sur les côtes anglaises et françaises pendant plus de deux siècles. Cependant, faute de réponse concrète à plusieurs de mes interrogations, je décidai d'abandonner le projet d'une randonnée en Norvège.

L'année suivante, de septembre à novembre, je marchai à nouveau vers Compostelle. Ce parcours qui restera à jamais « Mon long chemin » me conduisit de Notre Dame de Paris à Santiago de Compostela où j'arrivai après trois mois en ayant emprunté la voie de Vézelay, l'un des quatre grands chemins jacquaires français, puis le camino frances qui traverse l'Espagne d'Est en Ouest. Ce fut une longue randonnée de 2 200 kilomètres ponctuée de belles rencontres pendant laquelle mes pensées m'éloignèrent du chemin de Saint-Olav.

Les mois suivants furent consacrés à la création de mon nouveau blog[2] et à la refonte d'un site internet dont je m'occupe comme bénévole au sein de l'association SEUIL[3]. Cette association a pour mission d'amener des jeunes de quatorze à dix-huit ans en difficulté et en rupture sociale à devenir les acteurs de leur propre réinsertion par une marche individualisée d'environ 3 mois et de 1 800 mètres à l'étranger.

Ecrire un blog est un bon moyen de revivre une troisième fois le chemin : la première fois étant la préparation et la deuxième fois la randonnée. Ainsi je revis « Mon Long chemin », avec plaisir et nostalgie.

* * *

L'hiver est passé, mon blog terminé. Le printemps arrive, et avec lui, le choix de ma prochaine grande randonnée. Ne souhaitant pas repartir sur un cinquième chemin emmenant mes pas vers Compostelle, je recherche des destinations plus originales et plus sauvages. Je me documente sur le tour de Madère puis de Chypre. Les deux me tentent et j'achète deux guides consacrés à ces randonnées ainsi que les cartes géographiques correspondantes.

Pendant cette période de recherches et d'hésitations, je découvre par hasard un article du journal *La Croix* intitulé « *Les catholiques de Norvège auront une nouvelle cathédrale saint Olav* ». La cathédrale est située à Trondheim à quelques centaines de mètres de la cathédrale luthérienne où est enterré le roi viking Olav II. Une citation du poète Paul Eluard me revient alors en mémoire : « *il n'y a pas de hasard, juste des rendez-vous !* » : presque deux années se sont écoulées depuis mes premières recherches et après tout, c'est peut-être le bon moment pour ressortir mon projet de randonnée en Norvège.

Je m'aperçois rapidement que de nouvelles informations plus détaillées sont disponibles sur le web : un site internet[4] consacré essentiellement à ce chemin a vu le jour. Très pratique, il permet de tracer et d'imprimer un itinéraire en fonction des disponibilités de ravitaillement et d'hébergement. Je découvre également qu'un guide de randonnée, certes en anglais, vient d'être édité[5]. Poussé par la curiosité, je le commande et le reçois quelques jours plus tard. Muni de ces deux supports et après avoir approfondi le parcours, ma décision est prise, cette année je pars pour l'inconnu : le chemin de Saint-Olav.

Je sais que ce chemin sera différent des autres : finis les sentiers bien fléchés, les nuits au chaud dans les albergues, les cuisines bien équipées, les grandes tablées de randonneurs avec les repas bien arrosés. Le chemin de Saint-Olav allait me procurer ce que je recherche : l'Aventure, un ressenti qui, au fil des années, a disparu des chemins menant à Compostelle, le goût de l'authentique sans le côté mercantile du camino frances, les paysages sauvages de la Norvège, un chemin surprenant entre mythe et histoire des Vikings, l'originalité d'une randonnée très peu fréquentée et quasiment inconnue en France.

I

Les préparatifs

A la lecture des documents et du site internet, j'en apprends davantage sur le tracé du parcours. Il existe en effet différents chemins qui aboutissent à Nidaros. Celui que je choisis s'appelle le *Gudbrandsdalsleden*, qui signifie *le chemin de Gudbrandsdal,* nom de la région norvégienne qu'il traverse. Long de 650 kilomètres, il s'agit du chemin historique. Il démarre d'Oslo, la capitale de la Norvège, pour rejoindre Trondheim en traversant les villes d'Hamar, de Lillehammer, de Dovre et d'Oppdal.

Dès le départ, deux possibilités s'offrent au randonneur-pèlerin pour contourner le lac Mjosa et rejoindre Lillehammer en partant d'Oslo : la voie de l'Ouest ou la voie de l'Est. Les deux chemins se rejoignent 220 kilomètres plus loin à Lillehammer, la ville des jeux olympiques d'hiver de 1994. Il faut ensuite marcher 430 kilomètres environ pour rejoindre la cathédrale de Trondheim. Mon choix se porte sur la voie de l'Est plus conforme au chemin historique.

Contrairement au *camino Frances* où l'abondance des hébergements et des possibilités d'approvisionnement garantit au pèlerin un certain confort, il est nécessaire de bien planifier les étapes sur le chemin de Saint-Olav car, hormis quelques grands villages ou grandes villes, les infrastructures hôtelières bon marché sont inexistantes. Seuls, quelques dortoirs ou *hytter* (gîtes refuges relativement confortables et équipés du nécessaire), sont à la disposition du randonneur pour un prix relativement modique… pour la Norvège (donc plutôt cher pour un Français).

Quelques jours plus tard, j'achète en librairie le guide du routard consacré à la Norvège[6]. Ce que je lis n'est guère réjouissant :
Tout d'abord le climat : « *Rassurez-vous, vous avez de très bonnes chances de voir le soleil… entre deux averses. Le temps peut être très beau, très chaud pendant plusieurs jours, puis tourner subitement, sans crier gare. Cela fait partie du charme de la Norvège. La pluie fait partie intégrante du pays, il faut l'accepter… sans râler (ou alors le voyage peut devenir un cauchemar*) ».

Puis les moustiques : « *Les moustiques sévissent surtout du 20 juin à fin juillet* ». Zut ! Cela correspond à la période que j'ai choisie. « *En fait, ce sont différentes vagues de différentes espèces dont les éclosions se succèdent avec le temps. Mais ils n'ont que quelques semaines de vie et donc leur activité frénétique redouble* ».

Et la suite n'est guère plus sympathique : « *Et vous faites partie de leur plan de survie. Cela vous tranquillisera peut-être de savoir que, sur quarante espèces présentes dans ce pays, une dizaine seulement s'intéresse aux humains... Plus vous montez vers le nord, plus ils sont nombreux et voraces* ». C'est exactement mon parcours d'Oslo au sud jusqu'à Trondheim au nord ! « *Préférez les crèmes locales, beaucoup plus efficaces, aux « moustimachins » vendus en France. Si vous dormez sous la tente, le matin au réveil, tendez l'oreille. Ils sont des milliers à vous guetter...* ». Ce que je lis ensuite me plonge davantage dans la torpeur : les mouches noires... « *Elles se glissent sous les vêtements, découpent un minuscule morceau de peau et sucent le sang qui s'en échappe. Leur morsure cause de sérieuses démangeaisons* ».

Et pour finir les moucherons mordeurs : « *C'est pour vous mordre sauvagement que ces horreurs ailées s'abattent sur vous par milliers ! Heureusement, le phénomène reste très localisé dans le temps comme dans l'espace... Chaque morsure gratouille un peu, alors imaginez par cent ou plus !... Courage, fuyez donc, en mettant à profit certaines spécificités de vos agresseurs : ils ne s'éloignent guère de plus de 500 mètres de leur lieu de naissance et d'autre part, la plupart des espèces ne sortent qu'à la tombée de la nuit ou sous un ciel très plombé...* ». Il est même question plus loin d'un routard qui, après avoir effectué une pause au milieu de ces moucherons, s'est retrouvé à l'hôpital.

Tout ceci pourrait justifier le peu de randonneurs qui parcourent ce chemin en une seule fois. Mon entrain initial est vite retombé et, à nouveau, je me questionne sur le bien-fondé de ce projet. Ne serait-il pas plus sage de randonner sur l'île de Malte ? D'autant qu'un autre élément est à prendre en compte : le coût de la vie. « *Aie, aie, aie* » comme l'écrit encore le Routard « *la vie est chère dans ce pays et on ne part pas en Norvège pour refaire une santé à son portefeuille* ».

La Norvège n'appartient pas à la zone euro. Elle édite sa propre monnaie : le Nok (*norsk krone)* ou couronne norvégienne.

Tout coûte extrêmement cher, laissant un sentiment de « *pauvreté* » aux touristes voyageant dans un pays possédant une industrie pétrolière et gazière très florissante et dont le taux de chômage est seulement de 2,5 %. Reste bien sûr la possibilité d'emporter une tente. Le camping sauvage, autorisé en Norvège, est une solution qui, si elle présente beaucoup d'avantages et une liberté totale, n'en implique pas moins son lot d'inconvénients. Le principal avantage et aussi le plus évident est le coût de l'hébergement : gratuit !

L'autre avantage est le sentiment de liberté qu'il procure. Partir à l'inconnu, se poser là où on le décide, dormir à la belle étoile, faire un feu de camp, être autonome... Eprouver cette agréable sensation de sortir du système, de faire un truc différent des autres touristes et voyageurs. Bref, se faire un petit « Into the wild » ! Mais les inconvénients sont nombreux, notamment le surplus de poids à emporter.

J'ai relu avec intérêt les trois tomes de la Route de la soie de Bernard Ollivier[7]. Ce grand marcheur, fondateur de l'association SEUIL, a marché d'Istanbul à Xi'an en Chine durant quatre ans, soit 12 000 kilomètres en portant un sac de douze kilos, auxquels se sont ajoutées les gourdes d'eau et la nourriture. Au total, quinze bons kilos. Si mon aventure n'est pas aussi compliquée ni exotique que la sienne, je mesure combien cette randonnée de 650 kilomètres à travers les paysages tourmentés de la Norvège va être difficile si mon sac à dos pèse dix-sept kilos. Aussi, lorsque je le remplis, j'ai simplement à l'esprit qu'il me faudra le porter et finalement, je préfère privilégier la légèreté : ma tente et tout ce qui peut l'accompagner (matelas, popote, réchaud...) resteront à la maison.

Ces derniers détails réglés, je fixe la date de mon départ dans deux mois, soit le 13 juin. En attendant, je révise mon anglais. Les Norvégiens apprennent l'anglais dès l'école maternelle. Ils ont presque tous un excellent niveau, ce qui n'est pas mon cas. De plus, par manque de pratique, j'ai une prononciation très... frenchie ! Pendant plus d'un mois, je vais devoir m'exprimer dans cette langue ; quelques révisions ne sont donc pas superflues !

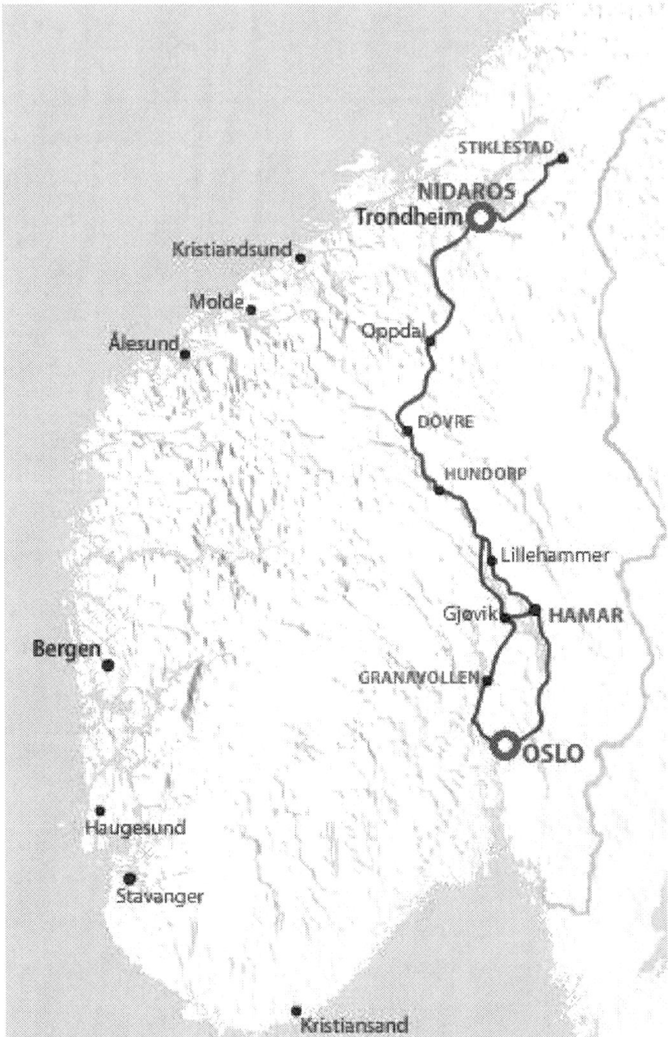

Le « Gudbrandsdalsleden » part d'Oslo pour rejoindre Trondheim après une marche de plus de 650 kilomètres. La voie de l'ouest contourne le lac MJOSA par la gauche et la voie de l'est par la droite. Les deux se rejoignent au nord de Lillehammer.

II

Pèlerin ou randonneur ?

La tombe de saint Olav à Nidaros (ancien nom de Trondheim) était au Moyen Age le quatrième pèlerinage le plus important de la chrétienté après Jérusalem, Rome et Saint Jacques de Compostelle. En 1997, la ville norvégienne de Trondheim a célébré son millénaire. A cette occasion, l'ancien chemin emprunté par les pèlerins pour se rendre à Nidaros a été réouvert.

La lecture des documents concernant le chemin de Saint-Olav se réfère le plus souvent au pèlerinage. Dois-je dès lors me considérer comme un pèlerin en marche vers la tombe de ce roi viking devenu un saint ? Si la question m'a souvent effleuré lors de mes précédentes marches sur la tombe de l'apôtre Jacques le majeur à Compostelle, la réponse cette fois est assurément négative ! Je pars en randonneur et non en pèlerin.

Les Norvégiens vouent une dévotion particulière à saint Olav, mais un roi viking qui a eu son lot de pillages et de massacres est contraire à ce que représente un saint à mes yeux. Je préfère nettement l'image d'une Mère Theresa ou d'un abbé

Pierre plutôt que celle d'un guerrier mort sur un champ de bataille après avoir occis nombre de ses ennemis, eût-il converti toute la Norvège, d'ailleurs souvent par la force, à la religion chrétienne.

Déjà, l'appellation de saint Jacques le majeur en « *el Matamoros* », c'est-à-dire le tueur de Maures, m'indispose grandement. A vrai dire, sa représentation dans la cathédrale de Santiago de Compostela où nous pouvons « l'admirer », monté sur un cheval blanc, l'épée à la main pourfendant les Maures, n'est pas très chrétienne ! Assurément il ne s'agit là que d'une image liée à la libération de l'Espagne de l'occupation arabe, et ce pauvre pêcheur qui a suivi le Christ avec son frère n'a certainement jamais porté une épée de sa vie, ce qui ne fut pas le cas d'Olav II.

De l'expérience tirée de mes précédentes randonnées, je sais que de grands moments de solitude vont accompagner mes journées. Ce chemin peu fréquenté est propice à l'introspection. N'étant pas cependant un vieux loup solitaire, j'espère que mon périple croisera celui d'autres marcheurs. J'aime me laisser surprendre par de belles rencontres. Cependant, je préfère marcher seul et à mon rythme. Je veux garder la liberté de m'arrêter quand bon me semble. Mais quelle tristesse le soir de se retrouver seul dans un refuge ou au restaurant pour finir la journée. J'aime les échanges avec les autres marcheurs. Nous avons souvent la même passion pour la randonnée, et certaines de ces rencontres se sont transformées en belle amitié.

III

Olav II, le roi devenu saint et apôtre

Mais qui donc pouvait être ce saint Olav, totalement inconnu en France ?

Traditionnellement, le roi Olav II ou Olav Haraldsson (Olav fils d'Harald) est considéré comme celui qui christianisa la Norvège. Olav est né à Ringerike en l'an 995. Sa mère se nomme Åsta Gudbrandsdatter, et son père Harald Grenske. Olav est l'arrière-petit-fils d'Harald Hârfager dit Harald à la belle chevelure[8], le premier roi de Norvège.

Adolescent, il s'embarque dans une flotte viking et navigue vers l'Angleterre où il s'établit quelque temps en côtoyant la noblesse locale. Après cette expédition sur les côtes anglaises, Olav s'arrête pour hiverner ses troupes et ses bateaux chez le duc de Normandie Richard II, ardent chrétien. Il est converti à la foi chrétienne et baptisé à Rouen par le propre frère du duc normand, Robert le Danois, archevêque de Normandie à l'endroit même où fut baptisé en 915 le chef viking Rollon[9], fondateur du duché de Normandie.

A son retour en Norvège en 1015, il se déclare, avec l'appui de certains *jarls* (titre détenu par un chef de clan), roi de Norvège sous le nom d'Olav II. Après plusieurs victoires sur les *jarls* du nord du pays, il devient le premier roi à exercer son autorité sur l'ensemble de la Norvège. Il établit un réseau administratif et un système juridique qui lui permettent de maintenir l'unité du pays. Il achève l'évangélisation de toute la Norvège en édifiant des églises et en nommant des prêtres.

En 1025, le roi Olav et son allié Önund, roi de Suède, ravagent le Danemark, mais sont finalement vaincus par Knut le puissant, roi viking danois, lequel installe plus tard son neveu le *jarl* Håkon Eiriksson aux commandes de la Norvège et oblige Olav à s'exiler à Kiev en Russie.

Un an plus tard, Håkon Eiriksson périt en mer. Olav croit que la chance tourne en sa faveur et décide de rentrer en Norvège pour reconquérir son trône. Mais il est tué en 1030 à la bataille de Stiklestad, devant Nidaros. Il aura régné sur la Norvège de l'an 1015 à l'an 1028. Surnommé Olav le gros, il devient après sa mort Olav le pieux.

En 1031, l'évêque Grimkell ramène les reliques du roi à Nidaros où il est enterré à l'endroit où se dresse actuellement la cathédrale. Très vite, selon les légendes locales, des miracles ne tardent pas à se produire. Le roi Olav II est canonisé en août 1031 mais également promu martyr. En outre, il est déclaré « Apôtre de Norvège » car il mena à bien le long et difficile processus de christianisation de la Norvège.

Le culte d'Olav se propage pendant plusieurs siècles après sa mort. Il conserve son statut de saint patron pendant toute la durée du Moyen Âge et est honoré avec autant de dévotion dans les pays voisins que dans le sien. Olav devient alors un saint profondément aimé de son peuple car il touche plus ou moins tout le monde. Il est le champion des paysans et des marins, le saint patron des marchands ambulants et des habitants des cités, défenseur de la monarchie et protecteur des nécessiteux.

Les légendes qui entourent le roi saint sont l'occasion d'évènements passionnants et hauts en couleur qui semblent plus nombreux à mesure que les générations se succèdent. Beaucoup de sculptures et de peintures nordiques du Moyen Âge représentant saint Olav nous sont parvenues ; certaines comptent même parmi les œuvres les plus raffinées de cette époque.

Cependant, lorsque les idées de Luther suppléèrent la religion catholique en Norvège, le pèlerinage vers le tombeau de saint Olav fut jugé contraire aux valeurs enseignées par la religion réformiste. Ce chemin de pèlerinage plongea alors dans l'oubli durant plus de quatre siècles.

Au fil des siècles, saint Olav est resté le symbole national du royaume de Norvège, « le roi éternel du Royaume » (rex perpetuus), et « la loi de saint Olav » a la réputation d'être le fondement même de la justice et de l'équité. L'ordre royal norvégien de Saint-Olav (*Den Kongelige Norske St. Olavs Orden*) est un ordre de chevalerie institué par le roi Oscar Ier de Suède et de Norvège le 21 août 1847. Le grand maître de l'ordre est encore de nos jours le monarque régnant de Norvège.

IV

En marche

13 juin – Départ pour Oslo

Le jour du départ est enfin arrivé. Je ne ressens ni stress, ni anxiété. Mon sac à dos est prêt depuis quelques jours. Un taxi est venu me chercher à mon domicile pour me conduire à l'aéroport de Nantes. Mon vol est affiché à l'heure, tout va bien.

J'arrive à Oslo cinq heures plus tard. Je me rends directement à l'auberge de jeunesse où j'ai réservé un lit pour deux nuits. Cet établissement a l'avantage, outre son prix peu élevé, d'être situé au centre de la ville et d'offrir une cuisine en libre accès où je peux préparer tous mes repas, ce qui à Oslo représente une économie non négligeable. Ma première préoccupation est de localiser une supérette. Je marche au hasard dans les rues d'Oslo et mes pas me conduisent devant un supermarché KiWi, la principale enseigne à bas prix en Norvège.

En entrant, je découvre des rayons entiers garnis de saucisses en tout genre. Je remarque également une grande variété de tubes contenant diverses sortes de pâtes dont la principale s'appelle

KAVIAR. Le *kaviar,* ce n'est pas du caviar, mais une pâte ou crème de poisson très salée que les Norvégiens semblent adorer. D'autres tubes contiennent un peu de tout : crème à la crevette, crème au goût de fromage, de bacon ou de poulet sauce barbecue... Pour les fromages en dehors des tubes, il y a le fameux *Brunost* (littéralement *« fromage brun »),* un fromage de chèvre caramélisé qui, pour un Français, ressemble plus à du plastique qu'à du fromage. Sa consistance est dure, on doit utiliser une petite râpe pour le couper. Par contre, le rayon boulangerie est bien fourni en divers petits pains mais, devant la montagne de paquets de WASA, je note une préférence des Norvégiens pour ces fameuses craquottes sur lesquelles ils étalent un peu de tout (poisson, fromage, confiture, parfois les deux ou les trois superposés !). L'alcool est absent des rayons, inutile de chercher des bouteilles de vin, de whisky ou de Martini... Les boissons alcoolisées à plus de 4,75° ne sont pas en vente. Seuls les magasins d'état appelés Vinmonopolet[10] ont le monopole de la vente des alcools.

A force de passer et de repasser devant les rayons, ne sachant que choisir, je m'éternise dans le magasin. Finalement, il me faudra plus d'une heure pour acheter de quoi préparer mes trois prochains repas et un sandwich pour la première journée de marche. A la caisse, j'ai l'occasion de lancer mon premier « bonjour » en norvégien : « *HI* » (prononcé « AIE »), l'équivalent du « *HOLA* » espagnol.

Après avoir déposé mes provisions à l'auberge, je retourne me promener dans le centre ville. En cherchant l'adresse de la cathédrale sur mon GPS, je m'aperçois que deux cathédrales « cohabitent » à Oslo : une pour les Luthériens (Oslo Domkirke) construite en 1697 et une pour les Catholiques (St Olav Domkirke) construite en 1856. Le hasard va me conduire en premier à la cathédrale St Olav, plus proche, et provoquer ma première rencontre avec le saint ou du moins ce qu'il en reste !

A l'intérieur de la cathédrale se trouve un beau reliquaire, don du roi Frédéric VII de Danemark, contenant un os qui, selon la croyance, appartiendrait au roi Olav II. Présenté comme une partie d'un bras du roi viking, il a été examiné pour la première fois en 2016 par des scientifiques qui, finalement, ont conclu qu'il s'agissait d'un tibia de 40 centimètres de long. Ces nouvelles investigations ont également établi la date approximative du décès : entre les années 900 et 1040 ; cette période concorde avec l'année de la mort de saint Olav à la bataille de Stiklestad en l'an 1030. Les examens montrent également que le propriétaire avait entre 25 et 35 ans lorsqu'il est décédé (Olav était probablement âgé de 35 ans lors de sa mort). Les rayons X ont également montré que l'homme devait être mort dans une bataille car ils ont trouvé une marque juste sous la rotule qui semble provenir d'une pointe de flèche. Le corps de saint Olav a été conservé dans la cathédrale de Nidaros avant sa disparition au XVIème siècle. En 1537, lorsque la Réforme fit son apparition en Norvège, le roi du Danemark dont dépendait la Norvège jugea qu'il n'était pas possible d'être un bon luthérien et de continuer à vénérer un saint comme Olav. Le reliquaire en argent fut alors transféré au Danemark et fondu. La dépouille du saint, abandonnée dans la cathédrale, fut emportée par les Suédois en 1564. Plus tard, elle fut ramenée en Norvège et enterrée. A ce jour, elle n'a pas été retrouvée. L'os présent dans le reliquaire semble avoir été enveloppé dans une matière organique, le corps devait donc avoir été momifié. Tous ces indices font qu'il existe une forte présomption que l'os a appartenu à saint Olav.

Je visite ensuite la cathédrale luthérienne située à seulement 800 mètres. A l'intérieur, un jeune homme me donne quelques explications et me remet un guide de visite en anglais. J'apprends que jusqu'en mai 2012, l'Église de Norvège était reconnue comme Église d'État dans la constitution du pays. Son gouverneur suprême était le roi régnant, lequel avait l'obligation d'être de confession luthérienne. Les lois régissant le fonctionnement et le budget de l'Église de Norvège étaient votées par le Parlement et exécutées par le ministère des Églises. La Norvège fut l'un des derniers pays développés à avoir une religion d'État. Le 21 mai 2012, les parlementaires norvégiens abolissaient cette disposition constitutionnelle.

L'Église évangélique luthérienne n'est plus l'Église de l'État. Selon la nouvelle législation, les prêtres et les évêques ne sont plus payés par le gouvernement ni nommés par le roi. Il n'est plus nécessaire pour les membres du gouvernement d'appartenir à cette Église. Depuis le 1er janvier 2017, la séparation entre l'Église luthérienne de Norvège et l'État est actée.

Les dimensions de la cathédrale luthérienne sont modestes. Je suis surpris de la taille réduite de la nef et du chœur. Aucune comparaison n'est possible avec les cathédrales françaises, espagnoles ou italiennes. Il y a toutefois une magnifique cène sculptée derrière l'autel et un très bel orgue. Je remarque l'impressionnant plafond de bois peint. La chaire et deux retables de style baroque ne sont pas du meilleur goût. Tout comme la cathédrale catholique, je pourrais facilement la confondre avec une simple église. L'endroit est peu propice à la prière et à la méditation à cause du va-et-vient des touristes. Je ressors de cette cathédrale quelque peu frustré.

Après cette première journée bien remplie, je retourne dîner à l'auberge.

14 juin – visite d'Oslo

Cette journée est consacrée à la visite de la capitale de la Norvège. Le ciel est couvert mais la température agréable et j'éprouve beaucoup de plaisir à rejoindre à pied le *Pilgrimssenteret* (centre des pèlerins) où je fais la connaissance de Roger avec lequel j'avais échangé quelques e-mails avant le départ.

Roger est pasteur mais il s'occupe également de l'accueil des pèlerins à Oslo. Il organise et coordonne le marquage et les infrastructures des premières étapes du chemin. J'en profite pour acheter le passeport du pèlerin équivalent à la credencial espagnole. Comme sur tous les chemins allant à St Jacques de Compostelle ou à Rome, chaque jour, le pèlerin doit faire apposer un tampon sur son passeport. Le tampon est en général celui du lieu d'hébergement. Plusieurs tampons peuvent être apposés au cours d'une même étape, par exemple lors d'une halte dans une église. De rares auberges réservées spécifiquement aux pèlerins requièrent la présentation du passeport. Ce passeport est la preuve des kilomètres parcourus et sera nécessaire à la délivrance du diplôme du pèlerin à Trondheim. Roger m'enregistre dans un cahier. Je suis le 104ème pèlerin à démarrer d'Oslo depuis le début de l'année. Quelle différence avec Compostelle ! En 2018, ce sont plus de 280.000 pèlerins qui ont été comptabilisés à St Jacques.

Je me rends ensuite à l'emplacement de la première borne marquée 658 kilomètres. Elle indique la distance à parcourir jusqu'à Trondheim. Ici se trouvait l'église royale *Maria kirke* (l'église de Marie) d'où partaient les pèlerins au Moyen Âge, après une dernière bénédiction, pour rejoindre le tombeau de saint Olav. De cette église, il ne reste aujourd'hui que quelques ruines mais l'endroit est fortement symbolique.

La borne, comme toutes celles qui suivront, est décorée d'un symbole de forme carrée dont les angles sont bouclés et sur lequel on a juxtaposé une croix :

Ce symbole sera présent tout le long du chemin et m'indiquera la bonne direction.

Je passe ensuite devant le palais royal, l'opéra, le port, puis je visite le musée des bateaux vikings (*Vikingskiphuset)* situé à Bygdøy, une péninsule à l'ouest de la ville. Ce musée présente les bateaux vikings les mieux conservés au monde grâce à la composition du sous-sol, constitué en grande partie de tuf (Le *tuf* est un minéral constitué par les dépôts successifs de cendres volcaniques ou de calcaire), qui les protégea des effets nuisibles de l'air et de l'eau. Ils ont été découverts dans trois tertres funéraires près du fjord d'Oslo où ils avaient été ensevelis il y a plus de onze siècles pour « transporter » leurs importants propriétaires dans le royaume des morts. Le musée des bateaux vikings expose également des pièces exceptionnelles découvertes dans les tombes, notamment des petits bateaux, des luges, un traîneau, un lit, des textiles et des ustensiles domestiques.

V

D'Oslo à Arteid Vestre

15 juin - d'Oslo à Slattum (Aaraas Farm)

En franchissant le seuil de mon hôtel, je respire une grande bouffée d'oxygène. J'éprouve un sentiment magique de liberté. Comme à chaque grande randonnée, dépouillé de l'inutile et du superflu, me voici libéré de toutes les contraintes de la vie moderne. Le mélange d'appréhension et d'excitation qui m'a tenu éveillé une partie de la nuit a disparu dès les premiers pas. La traversée d'Oslo n'est pas agréable, comme c'est d'ailleurs le cas pour la plupart des grandes villes. Je longe une route à grande circulation et je traverse des grandes barres d'immeubles. Par contre, la signalétique est excellente et je n'ai aucun mal à suivre le chemin.

Heureusement, la ville d'Oslo n'est pas très étendue et je rejoins rapidement une belle forêt de pins. Lors d'une pause, deux randonneuses norvégiennes m'interpellent. Elles me demandent d'où je viens. Je leur réponds que je suis Français et que je pense rejoindre Trondheim dans un mois. Ma réponse suscite leur étonnement car les Norvégiens ne sont pas des adeptes de la randonnée en solitaire ; ils préfèrent marcher quelques jours seulement et planifier leur trajet sur plusieurs années et le plus souvent en groupe.

Plus loin, j'aperçois des flèches jaunes peintes sur des poteaux et sur des murs. Elles indiquent la direction à emprunter et me rappellent les caminos espagnols. Ce sont les traces de l'ancienne signalétique mise en place il y a une dizaine d'années, progressivement remplacée par de nouveaux panneaux. Je marche tranquillement jusqu'au terme de cette courte étape de 19 kilomètres.

La ferme d'Aaraas se situe quelques kilomètres après la ville de Slattum et vient d'ouvrir un logis destiné aux pèlerins. Elle se situe sur le chemin et je ne devrais pas rencontrer de problème pour m'y rendre. Pourtant, lorsque je dépasse le panneau marquant la fin du village, mon sixième sens m'avertit que quelque chose cloche : je n'ai toujours pas vu l'entrée de la ferme. Je suis un peu dérouté et je téléphone au propriétaire. Je tourne la tête et j'aperçois alors une femme me faire des grands signes de la main. La pancarte signalant le gîte n'a pas encore été installée et je suis passé devant l'entrée de la ferme sans la remarquer. Le bâtiment où est installé mon hébergement date de 1910 et vient d'être rénové. Je suis le deuxième randonneur à y dormir. A l'intérieur, tout est neuf. Je dispose d'une belle salle d'eau et d'un coin cuisine. La Norvégienne est très fière de me faire visiter les nouveaux locaux mis à la disposition des pèlerins et m'offre une boisson chaude. Le premier contact est chaleureux et préfigure l'accueil qui m'attend dans la majorité des auberges. Je profite d'un beau soleil pour me reposer le reste de l'après-midi sur un banc dans le jardin.

16 juin - de Slattum à Arteid Vestre

L'étape du lendemain est encore plus courte que la précédente : 12 kilomètres ! C'est volontaire, je dois éviter des étapes trop longues en ce début de randonnée. Il aurait été excessif de parcourir 31 kilomètres dès le premier jour, sans entraînement préalable et avec un surpoids corporel de quelques kilos emmagasinés durant l'hiver. Lors de mes précédentes randonnées, j'ai souvent observé des pèlerins partir la fleur au fusil, fusionner deux étapes en une et devoir stopper suite à des ampoules infectées ou à des tendinites. Mais avant tout, j'aime ces courtes journées où je ne suis pas préoccupé par mon heure d'arrivée et pendant lesquelles je peux faire de longues pauses ou prendre mon temps pour visiter un village ou une église. Et aujourd'hui, je suis gâté ! Quelques kilomètres après mon départ, j'arrive à *Skedsmo kirke (kirke* signifie église en norvégien). L'église est dédiée à saint Olav et sa première construction date de 1022. Aux abords, des boucliers en bois jonchent le sol ; des tentes sont dressées et la soupe cuit dans des marmites portées par des trépieds : je suis au milieu d'un village viking. Les habitants vont et viennent à l'intérieur du camp. Il y a même un forgeron qui façonne une épée. Cette reconstitution est plutôt réussie.

Devant une statue du roi Olav, des élèves écoutent une jeune femme vêtue d'une robe viking. Je suis surpris du calme qui règne parmi l'auditoire composé d'adolescents de quatorze ans environ. Tous sont attentifs. Je ne comprends pas le norvégien et suis incapable de saisir ce que la jeune femme raconte, mais j'observe assez longuement la scène, impressionné par le sérieux du jeune public. Je visite ensuite le campement lorsqu'un homme se dirige vers moi et me demande d'où je viens et si je suis un pèlerin. Je lui réponds et nous engageons une conversation en anglais sur l'organisation des Vikings au Moyen Âge. Il semble heureux de me faire partager ses connaissances et je passe un bon moment à l'écouter et à lui poser des questions.

Puis je reprends ma marche. Il pleut maintenant sans discontinuer et les chemins boueux que j'emprunte pour traverser une forêt me procurent de belles frayeurs. A plusieurs reprises, déséquilibré par mon sac à dos, je glisse et je manque de m'étaler de tout mon long. Plusieurs ruisseaux débordent et rendent le passage périlleux. Je dois redoubler d'attention. Après plus d'une heure passée péniblement dans ces conditions dantesques, j'arrive à Arteid Vestre, terme de ma seconde étape. Le gîte pour les randonneurs/pèlerins est situé à l'extrémité d'une ferme constituée de plusieurs bâtiments, tous peints en rouge grenat. Les fenêtres et les portes sont peintes en blanc. L'ensemble est harmonieux et typique des maisons scandinaves. Les propriétaires ont transformé un entrepôt en logement. Le bâtiment dispose de trois pièces et peut accueillir jusqu'à sept personnes. Une petite cuisine permet la préparation de repas simples. Un marcheur allemand, Jürgen, est déjà arrivé. Il a démarré aujourd'hui et a souhaité éviter la traversée d'Oslo. Un ami l'a déposé en voiture à la sortie de la ville. Nous discutons tous les deux une partie de la soirée. Nous avons l'objectif commun d'arriver à Trondheim.

VI

La société viking

L'organisation de la société viking était clanique. Tout tournait autour de la famille qui était sacrée. C'était une société très peu hiérarchisée, assez égalitaire et autarcique. Les Vikings étaient modérément libertaires, individualistes mais très solidaires entre eux. Comme dans la majeure partie de l'Europe médiévale, la grande majorité des habitants de la Scandinavie étaient des agriculteurs. Toutefois, les surfaces cultivables n'étant pas très étendues, de nombreux paysans devaient avoir recours à la pêche et à la chasse pour assurer leur survie.

La société viking se composait de trois castes distinctes :
1° La caste la plus élevée était celle des *Konungar* (*konungr* au singulier), des *jarlar* (*jarl* au singulier) et des *goðar* (*Godi* au singulier), c'est-à-dire respectivement des rois, des comtes et des chefs de clan. Ils étaient élus ou avaient hérité de la fonction avec l'accord du conseil des *Boendr*. Ils étaient soumis à la loi et devaient être avant tout des grands chefs de guerre.

2° La caste moyenne était celle des *Boendr* (*Bóndi* au singulier) : c'étaient des hommes libres. Ils constituaient la grande majorité de la société. Ils avaient le droit de vote aux assemblées où étaient prises les décisions de la collectivité. Ils étaient propriétaires, paysans, pêcheurs, guerriers, commerçants, artisans...

3° La caste la plus basse était celle des *Thraellar* (*Thraell* au singulier) : c'étaient des esclaves, des captures de guerre. Les Vikings, au retour de raids, les vendaient ou les ramenaient dans leurs clans pour effectuer les travaux les plus ingrats. Les femmes esclaves étaient des concubines, faisaient la cuisine et s'occupaient de la maison. Ce n'est qu'avec la christianisation que l'esclavage fut prohibé en Scandinavie.

La condition féminine

La société viking était « viriliste » et patriarcale. Avec les hommes qui partaient en expéditions guerrières ou commerciales, la gestion quotidienne de la maisonnée ou de la ferme était devenue l'apanage de l'épouse qui y gagnait ainsi en autorité comme en indépendance et jouissait en retour d'un profond respect. En effet, l'épouse nordique participait de la sorte à la position et à la fortune de son mari.

La femme viking, comme ses « cousines » européennes, jouissait d'un certain pouvoir, dans les limites permises par une société patriarcale. Comme dans l'Europe chrétienne, elle assurait la pérennité des usages, des institutions, et l'instruction des enfants. Elle était la gardienne des traditions familiales et finissait par être l'incarnation et l'honneur de son clan.

Les clés avec lesquelles plusieurs d'entre elles ont été enterrées symbolisent leur influence sur le foyer ainsi que leurs responsabilités domestiques, en particulier dans la distribution de nourriture.

Les fouilles effectuées dans des tombes de femmes vikings ont permis de retrouver de nombreux outils pour carder la laine, peigner le lin, filer, tisser et coudre, dénotant ainsi l'importance des femmes dans la confection des vêtements de toute la maisonnée, y compris toutes les étapes de la fabrication : semer et récolter le lin pour la toile de lin ainsi que l'ortie et le chanvre pour les autres types de tissu ; élever les moutons, les agneaux et les chèvres pour la laine. Les fibres devaient être filées, tissées, coupées et cousues pour en faire des vêtements.

Outre l'agriculture et la confection des textiles et vêtements, les femmes pouvaient gagner leur vie dans le commerce, que ce soit seules ou en famille. Des balances et des poids de marchands trouvés dans des sépultures de femmes en Scandinavie suggèrent un lien étroit entre les femmes et le commerce.

Le mariage

Pour les Vikings, l'année ne connaissait que deux saisons : l'été et l'hiver. Le mariage avait lieu le plus souvent vers la fin octobre durant les trois jours qui symbolisaient la venue de l'hiver. C'était le meilleur moment pour les noces car les récoltes étaient rentrées, le foin prêt, le bétail installé, le poisson séché, la bière brassée, les expéditions vikings interrompues...

Les fiançailles avaient lieu environ une année avant le mariage. Sous ces latitudes, il n'y avait pas de clivages sociaux. Mais dans les familles soucieuses de la tradition, les mariés devaient avoir de préférence un rang social proche et être d'égale fortune. La mariée apportait une dot. Le mari apportait ses cadeaux auxquels il ajoutait un douaire (portion de biens que le mari réserve à son épouse dans le cas où celle-ci lui survivrait).

La mariée pouvait demander le divorce ou la séparation et demeurait propriétaire de sa dot et du douaire. Avant la cérémonie, il y avait le bain de la mariée (avec les demoiselles d'honneur). Elle relevait ses cheveux et les attachait avec un ruban ou un bijou. Elle attachait à sa ceinture les clés de la maison et du coffre pour devenir la maîtresse de maison.

Les croyances vikings n'étaient pas associées à un clergé. C'était le chef de clan qui présidait l'événement avec le marteau de Thor. On cachait également un marteau de Thor dans le lit de la mariée. Le banquet avait lieu dans la salle commune.

Des toasts étaient portés aux dieux et aux grands Ancêtres. Le lendemain matin, le mari offrait un présent à son épouse.

Les mariages étaient arrangés par le père ou par d'autres membres masculins de la famille (bien que le consentement de la future épouse fût souvent recherché) car les mariages représentaient, avant toute considération sentimentale, des alliances familiales et claniques. Il semble que les veuves profitaient d'une plus grande liberté de choix que les femmes non mariées.

Les hommes étaient polygames. L'épouse en titre était la seule à diriger parmi les concubines. Pour qu'une concubine fasse valoir ses droits au même titre que l'épouse, il était indispensable que son amant l'ait reconnue officiellement, ce qu'il faisait très rarement pour éviter de déséquilibrer le clan et tout conflit d'héritage.

Les enfants et l'éducation

Pour les Vikings, les enfants devaient être éduqués à survivre et à gagner leur vie. Dès leur plus jeune âge, ils maîtrisaient l'art du tissage, de la ferronnerie ou bien encore l'agriculture.

La culture viking était très riche. Il existait de nombreux chants, poèmes, odes à la gloire des dieux et des ancêtres, mais tout se transmettait à l'oral.

Les Vikings avaient un alphabet composé de runes. Les runes sont l'ancien système d'écriture des langues nordiques et germaniques. Apparu au début du IIIe siècle, l'alphabet comporte à l'origine 24 caractères dont les dessins sont très simples et anguleux. Il est appelé « *futhark* » du nom des six premières lettres qui le compose. Chaque lettre a un sens propre (son nom) et désigne en même temps un son.

Les runes étaient utilisées pour l'écriture et souvent gravées sur des pierres, du bois ou des os. Dans les pays scandinaves où les runes ont connu l'utilisation la plus développée, leur nombre s'est réduit à partir du VIIIème siècle pour finir avec un système à seize runes. L'alphabétisation était très répandue chez les Vikings, et les enfants étaient capables de lire les pierres commémoratives, respectant ainsi la mémoire de leurs ancêtres. Les Vikings n'ont jamais écrit leur Histoire, mais au XIIIème siècle, leurs descendants islandais s'en sont chargés, narrant leurs exploits dans de longs ouvrages.

VII

D'Arteid-Vestre à Hamar

17 juin – d'Arteid Vestre à Risebru

29 kilomètres séparent Arteid Vestre de Risebru, terme de ma troisième étape. Le chemin m'entraîne le long de petites routes de campagne. La traversée de plusieurs villages me permet d'observer attentivement ces gens du nord : leurs habitudes, leurs maisons, leurs jardins... Ainsi, je m'aperçois rapidement qu'une des occupations préférées des Norvégiens est l'entretien de leur pelouse ! Tout le long de cette randonnée, dès que le soleil pointera le bout de son nez, j'aurai l'occasion de les voir tondre leur gazon à n'importe quelle heure de la journée, soit avec des tondeuses thermiques, soit avec des robots qui fonctionnent en permanence. Vu les prix des robots tondeuses, cela démontre un niveau de vie élevé. En France, ces appareils sont rares car onéreux.

Je suis également étonné de constater que l'extérieur de chaque bâtiment est continuellement éclairé, même en plein jour. Les Norvégiens ne sont pas économes en énergie. Plus tard j'apprendrais que, pour des raisons de sécurité, une loi impose l'éclairage permanent des maisons pendant l'hiver lorsqu'il fait nuit à partir de seize heures. Mais en ce moment, nous sommes en juin et cette mesure ne me semble pas nécessaire, du moins en journée. Une chose est certaine, les Norvégiens aiment être à la maison et consacrent beaucoup d'efforts pour la rendre agréable.

A la sortie d'un village, je rencontre deux jeunes Allemandes lourdement chargées car elles campent. En discutant, j'apprends qu'elles randonnent le long du « *St Olav's way* » pour s'entraîner et tester leur matériel. Elles comptent marcher l'année prochaine sur le « *Pacific Crest Trail* », un chemin de près de 4 300 kilomètres qui part de la frontière mexicaine pour rejoindre la frontière canadienne. C'est l'un des treks les plus difficiles au monde : il traverse des chaînes de montagnes enneigées, des fleuves et des déserts. Il n'est pas rare que des randonneurs pourtant expérimentés y perdent la vie. Je les regarde étonné car, au vu de leur silhouette, je m'attendais à tout sauf à cette destination. Je ne les imagine pas effectuer ce trek. D'ailleurs, quand plusieurs jours plus tard, mon chemin croisera à nouveau celui d'une des jeunes filles, celle-ci m'apprendra que sa copine a abandonné suite à de trop nombreuses ampoules.

La ferme de Risebru où je loge ce soir existe depuis l'an 1594 et recevait déjà des pèlerins à cette époque, lorsqu'ils se rendaient sur la tombe de saint Olav. Depuis 2013, un bâtiment est à la disposition des pèlerins, reprenant ainsi la longue tradition d'accueil de cette ferme. Autre époque, autre confort : j'ai gratuitement à ma disposition une machine à laver le linge et une machine séchante.

La marche a été longue avec beaucoup de bitume et le soleil a tapé fort. Je prends un cachet d'aspirine pour effacer la fatigue. J'ai encore quelques kilos à perdre pour retrouver la forme !

18 juin - de Risebru à Eidsvoll kirke

Chaque matin en se levant, le pèlerin obéit à un rituel bien rodé : il regarde le ciel et estime la température extérieure. De ses observations et appréhensions, il choisira les vêtements appropriés aux conditions climatiques du jour. Aujourd'hui, le ciel est dégagé et la journée s'annonce ensoleillée. Seul un petit vent frisquet rafraîchit l'atmosphère et m'oblige à enfiler ma polaire et mon coupe-vent.

Je marche seul sans avoir à me préoccuper de converser avec un autre, sans négocier ni mon rythme, ni mon parcours, sans me confronter aux désirs d'un compagnon de route, sans interrompre le cours de ma réflexion. C'est le propre du pèlerin non accompagné que d'être libre de ses choix.

Plus tard, je fais une pause devant la colline du gibet (*Galgehaugen*). Les criminels furent pendus sur cette colline jusqu'en 1655. J'imagine alors les pèlerins du Moyen Âge se signant devant les corps suspendus des suppliciés.

En traversant Eidsvoll Verk, je suis surpris par les grands parkings et les cars de touristes. Je saisis vite la raison de cette foule en lisant les panneaux d'information : Eidsvoll Verk est un haut lieu historique et touristique pour les Norvégiens. C'est dans cette ville et plus particulièrement dans la grande maison blanche devant laquelle je me trouve que fut signée la constitution norvégienne le 17 mai 1814 par 112 délégués déclarant l'indépendance de la Norvège, enfin presque, puisque les Norvégiens partageront le même roi avec la Suède jusqu'en octobre 1905, date à laquelle ils auront leur propre monarchie. Le 17 mai est désormais la fête nationale de la Norvège.

Les rues sont bordées de lilas en fleurs. La floraison est en retard d'un mois par rapport à la France mais exhale un parfum délicat qui me ravit. En délimitant le pourtour de certaines propriétés, les lilas sont alors des dizaines à former une haie compacte dont les effluves embaument le chemin.

J'arrive vers 16h à Eidsvoll kirke. Je loge dans un ancien presbytère, lequel ressemble plus à une maison de maître d'un état confédéré pendant la guerre de sécession qu'à une maison typique norvégienne ! Devant la porte d'entrée, je ne vois pas de sonnette alors j'entre. Une femme arrive. Je ressens une légère gêne de sa part. Elle me demande si j'ai réservé. Je lui réponds par l'affirmatif et lui communique le nom de la personne à qui j'ai téléphoné la veille. Apparemment, l'information n'a pas été transmise mais cela ne pose pas de problème, elle me conduit à l'étage pour me montrer les chambres et la douche. Elle partira peu de temps après. Nous sommes finalement trois randonneurs à y dormir. Chacun a sa chambre. Je visite cette très belle demeure où le temps s'est semble-t-il figé et où, preuve d'une grande confiance, toutes les salles sont accessibles aux pèlerins. Un magnifique parc entoure la maison. Le pasteur du lieu n'avait apparemment pas fait vœu de pauvreté et aimait le luxe !

En fin d'après-midi, la personne en charge de la gestion du gîte vient apposer un cachet sur les passeports et encaisser le loyer des chambres. Elle nous explique l'histoire de cette maison rachetée par la municipalité. De nos jours, des répétitions et des représentations théâtrales y sont régulièrement données, ce qui explique la présence de nombreux costumes de la belle époque dans le couloir. Elle propose de nous faire visiter l'église, nous acceptons avec plaisir. L'église originelle date de l'an 1022 quand le roi Olav christianisa son royaume. L'église actuelle a été reconstruite en 1885 après un incendie. La plupart des églises scandinaves sont en bois, d'où les nombreux incendies qui les ravagent. Celle-ci n'a pas échappé à ce triste sort puisqu'elle a de nouveau brûlé en l'an 2000.

En sortant de l'église, une borne indique 560 kilomètres avant Trondheim, mon guide papier quant à lui en trouve 583 ! Depuis sa création, le chemin a subi quelques modifications du tracé et les

Norvégiens ne changent pas les bornes en pierre à chaque détour ajouté ou supprimé ! Le kilométrage de mon guide doit être le bon.

19 juin - d'Eidsvoll kirke à Spitalen

Au Moyen Âge, les pèlerins pouvaient embarquer dans l'ancien port d'Eidsvoll à proximité de la rivière Vorma. De là, ils traversaient le lac Mjosa jusqu'à Hamar. La traversée de 140 kilomètres durait toute la journée. Cette possibilité existe encore de nos jours grâce à un bateau à roue : le *Skibladner*, le bateau à vapeur le plus ancien du monde encore en activité puisque son voyage inaugural eut lieu le 2 août 1856. Le *Skibladner* navigue sur le lac Mjosa et relie les villes d'Eidsvoll, Hamar, Gjovik et Lillehammer. C'est une des fiertés de la Norvège et une attraction majeure pour les Norvégiens pendant l'été. Le navire a coulé en 1937 et en 1967. A chaque fois, il a été renfloué et rénové. Comme il ne navigue pas tous les jours, je n'ai malheureusement pas prévu de faire la traversée à bord de ce célèbre bateau. C'est donc à pied que je poursuis mon chemin jusqu'à ma prochaine étape : le village de Spitalen distant de 24 kilomètres.

Je longe un torrent puis je traverse une forêt de sapins. Je suis entouré de nuées de moustiques. Une évidence s'impose : les véritables habitants de la Norvège sont bien les moustiques et non les descendants des Vikings. Comme tout le monde, je déteste les moustiques et j'avoue éprouver un plaisir sadique lorsque, d'une bonne claque, je réussis à en écraser parfois deux en même temps. Heureusement, ces bestioles ne sont pas présentes en permanence. Excepté lors de la traversée de marécages ou de forêts, certes nombreux en Norvège, les moustiques laissent le randonneur passer son chemin sans l'agresser.

Je m'arrête à Lysjoen au bord du lac pour déjeuner. J'y retrouve mes deux compagnons d'hier soir qui ont eu la même idée. Le repas terminé, aucun de nous ne souhaite reprendre immédiatement le chemin. Nous nous prélassons au soleil en admirant le paysage qui nous entoure. L'endroit est calme et reposant. Devant la clarté de l'eau, je décide de me déchausser et d'y plonger mes pieds. L'eau est glacée ! Impossible d'y faire trempette. Un peu plus tard, il faut hélas repartir et quitter ces lieux. Plus loin, je fais une courte pause dans une hytte en accès libre, appelée sur la carte Lysjohimet. On peut y dormir en déposant une libre participation dans une boîte. Par contre, il n'y a ni électricité, ni douche, ni toilettes et il faut aller chercher l'eau à la rivière. J'ai déposé mon sac à dos à l'extérieur sur le sol et je m'amuse du manège des brebis en liberté accompagnées chacune de deux agneaux qui viennent sentir à tour de rôle mon sac à dos. Elles sont certainement attirées par les biscuits que j'ai rangés dans une des poches. Chaque année, plus de deux millions de moutons sont lâchés en pâture partout en Norvège et parcourent librement les paysages magnifiques du pays. Ces explorateurs laineux à quatre pattes s'aventurent à travers les forêts, les montagnes, paissent le long des fjords. Tout le long de cette randonnée, mon chemin croisera le leur.

J'arrive au refuge de Sannfredstun vers 16h30. Je m'arrête à la maison des propriétaires. Pour la première fois, l'accueil n'est pas des plus aimables. J'ai à peine le temps de monter les marches qu'une femme me demande d'aller une trentaine de mètres plus loin vers le logement réservé aux pèlerins. Elle ne prend pas la peine de sortir de chez elle et referme aussitôt la porte.

Le gîte est très rustique. Les chambres sont situées à l'étage comme c'est souvent le cas, mais ici il faut gravir un escalier que je qualifie de « casse-gueule » car très raide. La douche située à l'extérieur et en plein air est destinée aux randonneurs qui ne craignent pas de se doucher nus dans le jardin à la vue d'autres personnes. Une palette posée sur le sol évite de patauger dans la boue et une chaise sert à poser ses vêtements ailleurs que sur l'herbe. Quant aux toilettes sèches, elles sont dans une autre cabane.

En plus de mes deux compagnons d'étapes, le logement est partagé avec deux jeunes Français qui terminent dans quelques jours leur stage de fin d'études dans l'industrie et la construction en bois. Ils ont déniché ici un logement peu cher pour la Norvège mais ils doivent disposer d'une voiture car la première ville est éloignée. Je discute longuement avec eux de leurs études et de la vie en Norvège. Ce sont les premiers Français que je rencontre. Le soir, afin d'éviter l'escalier que je juge trop dangereux, je préfère dormir au rez-de-chaussée dans la salle commune sur une banquette. Cela ne me pose aucun problème et je passe une bonne nuit.

20 juin - de Spitalen à Tangen

Le soleil qui se lève promet encore une belle journée. Selon la météo, ce beau temps doit encore durer quelques jours. Le chemin est toujours bien tracé et pendant une grande partie de la journée, je longe le lac Mjosa qui a la particularité d'être le lac le plus long de Norvège et l'un des plus profonds.

Je déjeune au bord du lac sur une aire de pique-nique. Je profite de la quiétude de ce lieu pour prolonger ma pause et écrire quelques notes dans mon journal de marche.

J'ai emporté un petit carnet dans mon sac à dos et je m'astreins chaque soir, après la douche et la lessive, à noter les évènements survenus au cours de la journée, mes joies et mes souffrances, les surprises et parfois les rencontres. Il est pour moi le compagnon indissociable de mon aventure et sa mémoire. Lors de cette pause, j'écris :

« Longtemps, j'ai assimilé mon rêve de traverser la Norvège comme inatteignable, du moins comme un objectif lointain. Les rêves n'ont d'existence que dans le futur ; dès qu'on les réalise, ils disparaissent. Aujourd'hui, je vis pleinement mon

rêve de marcher sur le chemin de Saint-Olav et je ressens un sentiment profond de bien-être et de liberté en avançant le long des rives du lac Mjosa ».

J'arrive à Tangen en milieu d'après-midi. Le camping où je dors ce soir est éloigné du centre-ville. Aussi je profite d'un supermarché sur le chemin pour faire mes courses, j'évite ainsi un aller-retour de plusieurs kilomètres supplémentaires. J'ai réservé une hytte pour moi seul. J'ai besoin de cette solitude. Le soir, je savoure ma première bière depuis mon départ d'Oslo sur la terrasse de ma hytte. La vue sur le lac Mjosa est superbe. J'apprécie la tranquillité de ces instants.

21 juin - de Tangen à Hamar

Aujourd'hui, je dois parcourir 29 kilomètres pour rejoindre Hamar, première grande ville depuis Oslo. Avec le soleil et la chaleur qui sévissent actuellement dans le sud de la Norvège, je choisis de partir à 6h30. La journée est agréable. Comme hier, je marche sur un chemin longeant le lac Mjosa.

En arrivant devant l'église de Stange, je constate que celle-ci est hélas fermée. Quel dommage car elle possède deux statues de l'apôtre saint Jacques, une vieille connaissance que j'aurais bien aimé saluer ! L'église a brûlé en 1620 et a été reconstruite. Après une courte pause, je repars tranquillement après avoir effectué un selfie devant la borne des 503 kilomètres.

Plus loin, je croise pour la première fois un couple atypique de jeunes campeurs anglais : Béatrice et Toby. Ils transportent dans une carriole une énorme pierre de plus de cinquante kilos sur laquelle sont gravés deux pieds. La pierre est censée attirer les énergies positives de la terre et les restituer à ceux qui posent leurs pieds nus dessus. Nous restons un long moment à discuter sur les prétendus pouvoirs de cette pierre. Béatrice et Toby sont très sympathiques. Ils vont à Trondheim en tirant leur pierre. Très cools, ils ne semblent pas pressés. Une belle rencontre que seule la marche peut offrir à celui qui sait prendre le temps de s'arrêter pour converser.

Mon arrivée à Hamar en début d'après-midi me replonge dans l'ambiance animée d'une ville de trente mille habitants. Hamar est située sur les rives du lac Mjøsa et est la principale ville du comté de Hedmark. Hamar fut créée vers l'année 1050 par le roi Harald Sigurdsson[12]. C'était un centre de pouvoir important à l'époque viking. Je me rends directement au très beau pilgrimcenter (centre des pèlerins) où j'ai réservé un lit. J'y retrouve Béatrice, Toby et Jürgen. Je visite ensuite la cathédrale en ruines d'Hamar surnommée la cathédrale de verre. Les quelques ruines encore debout sont entièrement protégées par un immense dôme et une ceinture de murs en verre. Les Norvégiens ont très peu de monuments historiques, notamment en pierre ; ils en prennent donc grand soin. La visite est gratuite pour les pèlerins. Une jeune femme en bunad, la tenue traditionnelle norvégienne, appose un très beau tampon sur ma credencial.

De retour au Pilgrimcenter, je me repose en feuilletant un magazine anglais. Un article attire mon attention : « Qui est Bluetooth ? ». Pour moi, pas de doute : Bluetooth est un système de liaison sans fil reliant des appareils électroniques entre eux, par exemple un ordinateur et un téléphone, mais je découvre étonné que c'est aussi le nom d'un roi viking, Harald 1er surnommé Harald Blåtand (*Harold Bluetooth* en anglais ou *Harald à la dent bleue* en français). Ce roi viking est entré dans l'histoire pour avoir unifié le Danemark et la Norvège.

L'article raconte comment fut trouvé le nom « Bluetooth » : lors de l'hiver 1996, dans la ville de Toronto au Canada, Sven Mathesson, employé de la société suédoise Ericsson et son ami Jim Kardach, ingénieur pour Intel, réfléchissent dans un bar à une appellation de ce nouveau système de communication.

Sven et Jim tiennent la technologie, mais butent sur le nom. Toutes leurs précédentes propositions viennent d'être rejetées. Sven vient de lire un livre sur l'histoire des rois vikings. Un roi en particulier a attiré son attention : Harald Bluetooth. Sven raconte l'histoire de ce vieux roi à son ami Jim. "*J'ai pensé que ça ferait un nom de code génial pour le programme*", explique Jim Kardach dans l'article.

Bluetooth devient alors le nom officiel de la technologie mise au point par le consortium.

Le Bluetooth est né, et son logo reprendra même les initiales runiques du roi Harald Bluetooth :

VIII

Les invasions vikings

Les *Hommes du nord*, qualifiés indifféremment au Moyen Âge de Normands (*Nortmanni*) ou de Danois (*Dani*), sont plus connus aujourd'hui sous le nom de Vikings.

En 793, une expédition viking attaque une abbaye en Grande-Bretagne : cet évènement a été retenu par les historiens pour marquer le début de l'aventure viking qui se déroulera en Europe sur plus de deux siècles.

Vers 800, l'Europe de l'Ouest est dominée par l'empire carolingien. Seules les îles britanniques, la Scandinavie, la Bretagne et l'Espagne musulmane échappent au contrôle de Charlemagne. Mais au début des années 840, les petits-fils de Charlemagne se disputent l'héritage carolingien. Ils se livrent à des guerres fratricides qui les affaiblissent. Finalement, ils signent le traité de Verdun en 843 qui divise l'empire carolingien en trois royaumes : Lothaire reçoit la Francie médiane, de la mer du Nord à l'Italie, il garde le titre d'empereur. Louis le Germanique reçoit la Francie orientale ou Germanie (la future Allemagne). Charles le Chauve reçoit la Francie occidentale (la future France).

Au siècle suivant, le royaume de France se fractionne en principautés et en fiefs rivaux. Le roi n'a plus d'autorité sur les comtes qui deviennent indépendants et construisent les premiers châteaux forts. L'Europe de l'Est est occupée par les peuples slaves. Enfin, le bassin méditerranéen est aux mains des Arabo-musulmans (Espagne, Afrique, Proche-Orient) et des Byzantins (Italie du Sud, Balkans, Grèce, Asie mineure).

Les Vikings faisaient du négoce avec leurs voisins avant le VIIIème siècle, mais à partir de cette époque, ils commencent à établir leur domination sur les réseaux d'échanges commerciaux. Les raisons de cette expansion sont diverses : sans doute une augmentation de la population a-t-elle provoqué un besoin de terres et de richesses. Les Vikings ont aussi profité des faiblesses du monde carolingien pour s'imposer. Leur tactique de pillage était également efficace.

À la fin du VIIIème siècle et dans la première moitié du IXème siècle, les Vikings attaquent les îles britanniques et s'installent en Angleterre. Ils explorent les voies maritimes et fluviales de l'Europe de l'Est et atteignent les rives de la mer Noire. L'empereur byzantin intègre des scandinaves dans sa garde. Enfin, les Vikings mènent leurs premiers raids sur les côtes françaises et remontent les fleuves pour piller les villes et les monastères.

Les premiers raids vikings sont surtout dirigés vers des cibles situées à proximité du rivage. Ils consistent à piller les villages ou les monastères avec peu de moyens de façon à pouvoir regagner rapidement le large en emportant leur butin.

Dans la deuxième moitié du IXème siècle, Paris subit plusieurs attaques scandinaves. En 845, Ragnar Lodbrok[13] pille la ville avec 120 navires et 5000 Vikings.

À partir des années 860, les Vikings entreprennent de conquérir et de coloniser des territoires. Ce changement d'objectif nécessite une armée plus grande et mieux organisée. Les Danois en particulier savent rassembler plusieurs bandes dans un objectif précis. Leurs attaques se concentrent plutôt vers la Grande-Bretagne. En France, les dispositions défensives mises en place par Charles le Chauve semblent porter leurs fruits. Dans les secteurs régulièrement envahis, des châteaux avaient été édifiés, parfois en dépit de l'accord royal. Des ponts fortifiés, tel celui de Pont-de-l'Arche sur la Seine, barrent la route des fleuves. Le roi carolingien confie de grands commandements militaires aux principaux chefs de l'aristocratie. Robert le Fort devient par exemple marquis de Neustrie et son armée bat les Normands à Brissarthe en 866.

À la fin des années 870, les Scandinaves attaquent à nouveau le royaume. Les Vikings s'aventurent de plus en plus loin vers l'ouest.

En 881, le roi Louis III inflige une défaite à une grande armée viking à Saucourt-en-Vimeu.

En 886, le comte de Paris, Eudes, ancêtre des rois capétiens, résiste au siège de Paris imposé par une puissante troupe de Vikings. Mais le plus souvent, les Carolingiens négocient le départ des Hommes du Nord en leur versant de grosses sommes d'argent. Bien que l'empereur Charles le Gros parvienne à reconstituer l'empire de Charlemagne en rassemblant les différents royaumes francs, il use de ce moyen financier pour se débarrasser des Vikings qui assiègent toujours Paris.

L'incapacité des Carolingiens ne se dément pas dans les décennies suivantes. En 911, le roi Charles le Simple, petit-fils de Charles le Chauve, se résout à négocier avec un chef viking nommé Rollon (8). Il lui abandonne les territoires autour de Rouen, embryon de la Normandie. Cette décision calme quelque peu les raids scandinaves en Neustrie. Ailleurs, la résistance des populations et des chefs locaux oblige les Hommes du Nord à battre en retraite.

La christianisation des pays scandinaves commencée dans les années 980 prend fin vers les années 1030 et met progressivement un terme aux invasions des hommes du Nord.

IX

D'Hamar à Sor-Fron

22 juin - d'Hamar à Veldre kirke

Le village-musée que je traverse ce matin, peu après mon départ, expose les différents types de maisons rurales en Norvège. La plupart d'entre elles ont le toit recouvert d'herbe. Parfois, des milliers de petites fleurs blanches égayent la toiture verte et celle-ci devient alors presque blanche comme si elle était recouverte de neige.

Cela semble exotique pour un européen du sud mais, dans les temps anciens, les toits des chalets étaient fabriqués à partir d'écorce d'arbre et, pour les maintenir en place, on y faisait pousser de l'herbe. Cela permettait d'isoler et de garder le logis au chaud pendant l'hiver et au frais pendant l'été.

Il fait bon marcher sous ce beau soleil. Je ne m'attendais pas, en partant de Nantes, à de telles températures. Après 11 kilomètres de marche, il est temps pour moi de déjeuner. Je profite de la traversée de la petite ville de Brumunddal pour m'arrêter au centre-ville, près d'une fontaine. Je bénéficierai au moins de la fraîcheur de l'eau qui coule dans une succession de bassins. Brumunddal est en plein chambardement en raison de la fête de la musique prévue ce soir. Une femme est assise sur un banc proche du mien et surveille ses deux enfants. Elle est l'archétype de la femme scandinave telle qu'un Français l'imagine : belle, grande, svelte, blonde avec une longue natte et les yeux bleus. Au fur et à mesure de ma randonnée, je m'apercevrais que le fantasme de l'homme latin sur la femme scandinave les imaginant toutes blondes aux yeux bleus n'est nullement fondé : en réalité, beaucoup des femmes norvégiennes qui croiseront mon chemin seront des brunes !

L'étape est courte. Je prends tout mon temps et savoure ces moments où je peux observer les Norvégiens s'activer autour de moi. Les deux frères jouent avec l'eau des bassins, ils sont trop mignons. Les enfants sont des modèles à suivre pour nous, randonneurs, parce qu'ils avancent à leur rythme. Souvent à la traîne, ils prennent le temps de s'arrêter pour regarder un papillon sur une fleur ou un lézard sur un mur.

La marche se poursuit tranquillement le long de beaux sentiers verdoyants. J'arrive à Veldre Kirke vers 14h à l'auberge *Konfirmantsalen* (salle de confirmation) située à côté de l'église de Veldre. La maison, ouverte de mai à octobre, dispose de tout le confort nécessaire et d'un grand séjour avec vue sur le lac Mjøsa et la région environnante. L'endroit est géré par des volontaires de l'Association Veldre

Pèlerinage. Il n'y a pas de gardien. Un tampon pour la credencial est à la disposition des pèlerins. Le montant à payer pour la nuit et à glisser dans une boîte est de 100 NOK (11 euros). Ce sera sans aucun doute la meilleure auberge de mon chemin en raison de son rapport qualité/prix.

En fin de journée, je visite une petite chapelle construite en 2017. Encore une fois, l'ancienne chapelle a été détruite par un incendie. L'intérieur est étrange. Il n'y a pour seule décoration que deux masques représentant une femme de profil et un homme de face. Les deux visages sont insérés dans une toile bleue. Le masque de la femme est entouré d'un voile. L'artiste a certainement souhaité, par cette œuvre moderne, représenter la vierge Marie portant son regard sur son fils. Au-dessus de leurs visages se détachent dix étoiles éclairées. Le lieu est propice à la méditation.

L'église juxtaposant la chapelle est fermée mais offre une vue imprenable sur le lac Mjosa. Je reste de longues minutes allongé dans l'herbe à contempler les magnifiques paysages qui m'entourent. Coincé entre ces reliefs, je me sens tout petit. Le silence s'installe pendant quelques minutes autour de moi. Les montagnes s'étendent à perte de vue. Mes pensées s'évadent et un sentiment de sérénité m'envahit.

23 juin - de Veldre kirke à Moelv (Ringli)

La journée s'annonce nuageuse mais il ne pleut pas. Des pancartes près d'un grand arbre me détournent du chemin de quelques dizaines de mètres. Devenu un symbole pour les Norvégiens, ils l'ont baptisé en 2008 « l'arbre des pèlerins ». Cet arbre majestueux existait déjà en l'an 1537. Chaque année, un office religieux réunit les habitants de Veldre sous son feuillage. Un décret royal de 1918 le protège.

Une demi-heure plus tard, je passe devant la statue d'Alf Prøysen (vous ne connaissez pas, moi non plus !). Il tient une guitare et devait certainement être un musicien célèbre dans son pays[14]. A côté de lui, un pot à lait métallisé sert de pot de fleurs. Je trouve bizarre cette manie des Norvégiens d'utiliser ce récipient comme objet de décoration. Ce n'est pas la première fois, depuis mon départ, que je remarque son utilisation détournée.

Décidément, la journée d'aujourd'hui s'annonce pédagogique car peu de temps après, un nouveau panneau m'apprend que je marche sur un chemin qui s'appelle « la route du prêtre » (*Prestvegen).* Le panneau précise que le prêtre de Veldre habitait Ringsaker[15], qu'il empruntait cette route pour se rendre à son église et ceci jusqu'en 1876 ! Ce panneau d'information pour le moins insolite me laisse incrédule et je reprends ma route avec un petit sourire aux lèvres !

Je traverse ensuite le village de Ringsaker où est justement né Alf Proysen (maintenant vous savez de qui il s'agit). L'église est dédiée à saint Olav. Pour clore cette journée ô combien culturelle, j'apprends qu'à Ringsaker, le roi Olav II fit crever les yeux et couper la langue de ses ennemis, devenant ainsi l'unique roi de Norvège. Drôle de saint !

Les communes de Norvège sont très étendues et je dois souvent marcher plusieurs kilomètres après le centre du village pour accéder à mon hébergement. C'est le cas aujourd'hui. Ma destination finale est la ferme de Ringli sur la commune de Moelv. Lorsque j'arrive vers 15h, je suis tout étonné de découvrir, en lieu et place d'une ferme, un très bel ensemble de plusieurs maisons traditionnelles norvégiennes. Tous les toits sont recouverts d'herbe. L'ensemble est superbement restauré. J'entre dans la cour et je téléphone à la propriétaire. Elle est absente et me propose de m'installer car elle a laissé la porte du gîte ouverte. En entrant, je suis surpris par les meubles dont les façades sont finement sculptées. Tout est harmonieux et de bon goût.

En soirée, une femme se présente comme l'interlocutrice à qui j'ai téléphoné et, chose inhabituelle, elle me donne l'accolade (*klem* en norvégien). Cela me surprend : les Norvégiens sont réputés être relativement distants avec les inconnus. Il n'est pas dans leur tradition d'embrasser un étranger. Même si l'accolade ne correspond pas à notre bise, la poignée de main est d'usage lors d'une première rencontre. Je comprends la raison de ce comportement plutôt méridional : son mari était général dans l'armée norvégienne et ses fonctions importantes l'ont amené à fréquenter les européens du sud. A mon grand regret, c'est la seule fois où je ferai la *klem* à une Norvégienne.

24 juin - de Moelv à Brottum

— Hi

— Hi

L'homme qui m'a salué par un retentissant « Hi » auquel j'ai répondu par un autre « Hi » s'arrête à ma hauteur. Il promène son chien.

— Beau temps pour marcher aujourd'hui, me lance-t-il.

— Oui, je suis chanceux. Il fait un beau soleil depuis mon départ.

— Tu fais le chemin de Saint-Olav ?

— Oui, j'ai démarré d'Oslo et je vais jusqu'à Trondheim.

— Beau chemin. As-tu besoin de quelque chose ? Veux-tu de l'eau ?

— Non merci, je viens de démarrer et mes bouteilles sont pleines.

— De quel pays viens-tu ?

— De France !

— Ah oui, je connais un peu la France. De quelle ville ?

— Nantes.

Devant son regard interrogatif, je rajoute :

— En Bretagne.

— La Bretagne. C'est très beau. J'ai visité cette région une année lorsque j'étais en vacances. Le Mont-Saint-Michel est splendide.

Ne souhaitant pas engager avec lui une conversation sur la folie du Couesnon qui a placé cette merveille en Normandie, j'acquiesce d'un grand sourire. Dans le cœur d'un Norvégien, le Mont-Saint-Michel est breton.

— Bonne journée.

— Merci, bonne journée à toi aussi.

La discussion s'est déroulée en anglais. Elle est typique de tous les échanges que j'ai eus et que j'aurai avec les Norvégiens : assez brève ! Peut-être à cause de mon accent, mais plus sûrement par discrétion. Les Norvégiens souhaitent souvent savoir d'où je viens et sont surpris d'apprendre que je suis un Français. Ils ont l'habitude de rencontrer des Allemands ou des Hollandais sur les chemins.

Il est très rare de croiser un Norvégien sans entendre le traditionnel « Hi ». Lorsque je le lance en premier, la personne me répond toujours par un autre « Hi », parfois par un « Hi Hi » (j'avoue ne pas savoir pourquoi !) et plus rarement par un « Hello ». En tout cas, les Norvégiens me font l'effet d'un peuple tranquille et aimable. Parfois, lorsque qu'ils me croisent en voiture le long des routes, ils me font des signes de la main. C'est beaucoup plus discret que les « buen camino » ou les klaxons sur les chemins espagnols, mais ce petit geste est très sympathique.

Après la tonte des pelouses, je m'aperçois qu'une autre passion des Norvégiens est la décoration de leurs boîtes aux lettres. Elles sont parfois joliment peintes et les dessins représentent le plus souvent des paysages mettant en scène des animaux comme des hiboux, des rennes, des chevaux ou des chats, plus rarement des humains. Embellir sa boîte aux lettres occupe certainement les longues soirées d'hiver. Certains Norvégiens moins doués en la matière demandent peut-être de l'aide à des artistes locaux car je constate que la décoration est parfois identique. Je photographie les plus belles d'entre elles et me constitue, au fil des journées, une petite collection de photos de boîtes aux lettres norvégiennes.

J'arrive à 14h dans un très bel hébergement dénommé Johannes garden. Jürgen arrive une heure plus tard. Deux pèlerines polonaises nous rejoignent vers 18h. Elles marchent beaucoup plus vite que nous et font de longues étapes. J'aurai fréquemment l'occasion de suivre leur progression grâce au livre des invités appelé parfois livre d'Or. Dans chaque hébergement, ce livre est mis à la disposition de ceux qui souhaitent laisser des remerciements ou des remarques, bonnes ou mauvaises. J'aime feuilleter ces livres et lire les mots écrits par les pèlerins. Certains écrivent un roman, d'autres une seule phrase. D'autres encore laissent une pensée qu'ils n'ont pas osé dire de vive voix ; pour certains plus doués, de beaux dessins ou un poème. Ces livres sont les dépositaires de messages et l'ultime trace du passage de ceux qui avancent.

La maison est en libre accès, c'est-à-dire qu'il n'y a personne pour accueillir les randonneurs.
Ceux-ci doivent glisser l'argent de la nuitée dans une enveloppe, puis dans une boîte verrouillée. Je suis surpris de la confiance accordée par les Norvégiens aux marcheurs qui s'arrêtent dans leur maison. A plusieurs reprises, ils laisseront de la nourriture en libre-service dans les placards et dans le frigo. Le prix de chaque denrée est indiqué directement sur l'emballage ou sur une feuille punaisée sur un mur. Oubliées les sempiternelles pâtes ! Je prépare ce soir un repas de fête : une darne de saumon accompagnée de riz et une glace en dessert, le tout arrosé d'une bière bien fraîche.

25 juin - de Brottum à Lillehammer

Seulement 16 kilomètres séparent la ville de Brottum de Lillehammer. Il est inutile de presser le pas. J'ai tout mon temps pour admirer les paysages. Aux alentours de midi, je marque une pause devant une source qui porte le nom de Saint-Olav. La tradition veut qu'elle soit miraculeuse. La légende raconte que le roi Olav y fit boire son cheval. Au Moyen Âge, après la mort du saint, les habitants s'y arrêtaient dans l'espoir d'être guéris de diverses maladies. Croyant à son pouvoir de guérison, les pèlerins buvaient son eau et s'y baignaient.

En arrivant à Lillehammer, je ne suis pas au bout de mes surprises. Mon point de chute est une auberge située dans la rue où se trouve la gare ferroviaire. Mais, j'ai beau passer et repasser à l'adresse indiquée, point d'auberge en vue mais uniquement la gare. Je suis vraiment perplexe. Pourtant la veille, j'ai réservé un lit dans un dortoir et la personne au bout du fil a validé l'adresse. Incrédule, je pénètre dans le hall. Plusieurs voyageurs sont assis sur des banquettes et attendent leur train. Je ressors, j'ai dû me tromper ! Je téléphone à nouveau au même numéro. Ma correspondante me dit d'entrer dans le hall et de me diriger vers un comptoir situé sur la droite. En effet, une jeune fille me voyant avec mon sac à dos me fait signe. Finalement, l'auberge est située au troisième étage de la gare mais l'accueil se fait dans le hall.

Aujourd'hui, je ne dormirai pas dans mon sac de couchage. Luxe suprême pour le pèlerin : le lit est déjà fait avec de beaux draps blancs. Bien que le dortoir soit prévu pour quatre personnes, je serai seul cette nuit. Ma fenêtre surplombe les quais et je peux voir les trains qui partent et arrivent mais grâce au double vitrage, la chambre est calme. Après la douche, je pars en balade visiter la ville et je repère les marques indiquant le chemin à suivre demain matin. C'est une sage précaution qui m'a souvent fait gagner beaucoup de temps en évitant des détours inutiles.

Lillehammer est une petite ville à l'extrémité nord du lac Mjosa. Elle est célèbre pour avoir hébergé les Jeux olympiques d'hiver de 1994, en coopération avec les communes de Gjøvik, Øyer, Ringebu et Hamar.

26 juin - de Lillehammer à Skae i Oyer

Départ à 7h30. Les marques sont rares en sortant de Lillehammer. La petite reconnaissance de la veille m'aide à sortir sans encombre de la ville. Au bout d'une longue ligne droite, je passe devant un panneau triangulaire de danger représentant un élan. Je rigole car je pense un instant qu'il s'agit d'une blague d'un plaisantin mais absolument pas ! Si en France nous avons des panneaux de signalisation avec des vaches, en Norvège les vaches sont remplacées par des élans.

Quelques kilomètres plus loin, je m'arrête devant une petite cabane neuve de trois ou quatre mètres carrés. C'est parfait pour faire une pause, voire y passer la nuit s'il ne fait pas trop froid car la cabane est occultée sur toute la façade par une simple toile. Comme il doit être agréable, le soir d'une chaude journée, de s'y arrêter et d'y dormir… si le lieu n'est pas infesté par les moustiques !

Le chemin n'est qu'une succession de montées et de descentes. A deux reprises, je dois franchir un torrent. Seuls des troncs d'arbre couchés et des pierres permettent la traversée de ces obstacles. Je me demande comment font les randonneurs en période de crue car l'aménagement est sommaire et périlleux.

A 15h, un panneau en bois indique 376 kilomètres à parcourir avant Trondheim. Mais à 17h30, une stèle en pierre indique 392 kilomètres. Ainsi en marchant plus de deux heures, j'ai reculé de 16 kilomètres ! Une facétie du chemin qui me fait sourire !

J'ai un gros coup de pompe en parcourant les cinq derniers kilomètres. Une déshydratation ? Une crise d'hypoglycémie ? Je ne sais pas. En tout cas mes jambes sont lourdes, j'ai l'impression que mon sac à dos pèse une tonne et j'éprouve beaucoup de difficultés à rejoindre la ferme de Skaden (Skaden Gard), terme de mon étape de ce jour.

A l'intérieur de la ferme de Skaden, tous les murs sont décorés de vieilles photos dont certaines, au vu des costumes, remontent au début du XXème siècle. Les photos représentent tous les membres de la famille lors des moissons, mariages ou fêtes. Le reste de la décoration et les meubles semblent être de la même époque. En regardant les photos, je voyage dans le temps. Etre photographié à l'époque était rare et les personnes sont figées dans une attitude austère. Il faut dire que les conditions de vie étaient jadis très difficiles. Dans les années 1900, la Norvège était un pays pauvre essentiellement composé de pêcheurs et de paysans. Les autorités norvégiennes étaient tellement déterminées à réduire le fardeau des contribuables lié à la pauvreté qu'elles fournissaient des allers simples vers les États-Unis aux plus pauvres. Pendant la seconde moitié du 19ème siècle et au début du 20ème siècle, environ 800 000 Norvégiens ont ainsi émigré aux Etats-Unis.

Selon une étude de l'*American Community Survey*, couvrant la période allant de 2011 à 2015, plus de quatre millions d'Américains se déclarent d'ascendance norvégienne. La plupart vivent dans le haut Midwest. Il y a presque autant de Norvégiens aux États-Unis qu'en Norvège. A New York, une partie de la 8ème Avenue est rebaptisée « Lapskaus Boulevard » par la communauté immigrée norvégienne du nom d'un plat typique de leur pays. La Norvège est aujourd'hui au sommet de la liste des pays où il fait le mieux vivre, mais elle était bien différente il y a cent cinquante ans.

Une Italienne, Alexandra et un Norvégien, Feragen, sont déjà arrivés. Alexandra a marché sur la voie de l'Ouest au départ d'Oslo où elle a toujours été seule le soir. Nous sommes les premiers randonneurs qu'elle rencontre. Feragen a marché l'année dernière d'Oslo à Lillehammer sur la voie de l'Est et reprend cette année la suite du chemin. La dame qui m'accueille me dit que je suis le premier Français qu'elle reçoit.

27 juin - de Skae i Oyer à Tretten

Il a fait très froid cette nuit. Heureusement, ma chambre était équipée d'un radiateur électrique qui a fonctionné en permanence. En partant, la propriétaire me dit que la température avait chuté cette nuit à deux degrés. Je démarre à 8h30 pour une petite marche de 18 kilomètres. Un vent glacial souffle de face. Tout du long, le chemin surplombe la rivière Lagen qui se jette dans le lac Losna offrant ainsi de très belles vues sur la vallée. Je discute avec Alexandra et Feragen lors d'une pause. Ils s'arrêtent au même camping que moi. Par manque de communication, chacun a réservé sa propre hytte alors que nous aurions pu diviser les frais en partageant un seul chalet.

Je traverse à nouveau de belles forêts de pins où le sentier se fait plus étroit. Je dois, comme la veille, franchir quelques torrents. Que ce soit en forêt, en plaine ou le long des routes, le chemin est très bien signalé, je ne rencontre aucun problème pour m'orienter.

En lisant mon guide, je constate que, pour les quelques derniers kilomètres à parcourir, je peux rester sur la route peu passante. Je raccourcis la marche de la journée et j'évite ainsi les nombreux zigzags du chemin. J'arrive au camping beaucoup plus tôt que l'Italienne et le Norvégien qui ont emprunté le chemin officiel. Le camping de Mageli se situe 5 kilomètres après le village de Tretten. De mon bungalow, je peux admirer la vallée et le lac Losna.

Je suis tranquillement assis sur ma terrasse en train de boire un coca lorsque Alexandra et Feragen s'installent dans leur hytte. Je les invite à me rejoindre et à prendre un rafraîchissement.

28 juin - de Tretten à Ringebu Stavkirke

Coïncidence, je sors de mon bungalow en même temps qu'Alexandra et nous entamons ensemble notre randonnée. Nous passons devant le bungalow de Feragen qui ne semble pas encore être réveillé. Alexandra me parle d'elle, de son job, de ses projets. Elle travaille à la réception d'un hôtel en Suisse. Elle entame aujourd'hui sa dernière journée de marche et reprendra le chemin en septembre prochain lors de ses prochaines vacances.

Ce n'est pas la première fois qu'une femme se confie à moi au cours d'une randonnée. Beaucoup traversent une période difficile de leur vie. La marche représente pour elles le seul moyen de se poser et de réfléchir à leur avenir, notamment leurs relations futures avec un compagnon. Faire des confidences à un inconnu permet d'effectuer un voyage introspectif et je sais que, dans ce cas, l'écoute est plus importante que la parole. Je m'abstiens dans cette situation de poser des questions ou de donner un avis qui de toute façon m'est rarement demandé. Ces personnes ressentent juste le besoin de parler, de se confier à un individu qui aura disparu de leur vie dans quelques jours.

En ce début d'après-midi, j'arrive devant l'église médiévale de Ringebu. C'est une église en bois debout (*stavkirke*), construite avec des poteaux pour soutenir le toit et l'élévation de la nef, mais également pour élever les murs. Elle date du XIIIème siècle et a été remaniée au cours du XVIIème siècle. A juste titre, elle a la réputation d'être l'une des plus belles églises en bois de Norvège. Je me présente à l'accueil où ma qualité de pèlerin me donne droit à une visite gratuite. De l'église originale, il ne reste que la nef centrale. Je suis surpris par le contraste entre son aspect extérieur plutôt sobre et son aménagement intérieur baroque, coloré et très chargé. Un cimetière entoure l'église comme c'est presque toujours le cas en Scandinavie.

Le gîte où je dors ce soir est situé dans une propriété du nom de Gildesvollen. Je ne parviens pas à la localiser. Je demande à un couple de Norvégiens qui entre dans le cimetière s'ils connaissent cet endroit. A ma grande surprise, la dame plante son mari au beau milieu du cimetière et me fait signe de la suivre. Pendant que nous marchons, elle m'explique l'origine de quelques tombes très anciennes et me conduit devant la très belle propriété de Gildesvollen située à une centaine de mètres de l'église. Un moment d'échange qui, je pense, nous a fait mutuellement plaisir.

Je sonne à la porte, une femme m'accueille et me fait visiter les lieux. Son mari fait de la sculpture sur bois et s'occupe également de plusieurs ruches installées dans le jardin. C'est la seule fois où je verrais des ruches en Norvège. Les conditions climatiques et la période de floraison très courte ne se prêtent guère à l'apiculture dans ce pays. Possédant moi-même quelques ruches dans mon jardin, je suis curieux de goûter au miel norvégien. J'achète un petit pot que je dégusterai demain à mon petit déjeuner.

Le gîte pour pèlerins est confortable. Il est situé à l'écart de la maison des propriétaires. Des provisions en vente libre sont à la disposition des randonneurs, les prix sont indiqués sur une feuille. Ce soir, je serai le seul pèlerin à dormir à Gildesvollen.

29 juin - de Ringebu Stavkirke à Sor-Fron

La très forte chaleur régnant aujourd'hui sur la Norvège rend la marche épuisante. Les paysages sont monotones. Je traverse plusieurs forêts où me guettent des milliers de moustiques. Il est impossible de faire une halte sans être assailli immédiatement par des dizaines de ces insectes. Pas facile dans ces conditions de faire une pause « technique » sans attirer ces minuscules vampires. Je marche le long d'une petite route de campagne bordant un bois lorsque je retrouve Béatrice et Toby, le couple d'anglais qui transporte l'énorme pierre.

Les pauvres ! Ils ont campé au milieu des arbres, donc des moustiques. Nous restons à discuter quelques minutes. Les randonneurs sont rares et c'est toujours un plaisir d'échanger quelques mots, même en anglais. Ils rencontrent un problème avec le chariot qui transporte la pierre. Celui-ci a une roue branlante sur le point de céder qui doit être immédiatement réparée. Béatrice redescend à Ringebu, la ville la plus proche, distante maintenant de plusieurs kilomètres, tandis que Toby replie la tente et range le matériel sous les nuées de moustiques. Je ne sais pas qui est le plus à plaindre. Plus loin, je passe devant la borne des 337 kilomètres avant Nidaros.

J'arrive au centre de pèlerinage d'Hundorp. On peut s'y arrêter pour dormir ou simplement marquer une pause de quelques minutes. Un hôtel privé se trouve dans le même parc. Devant sa belle façade, je devine qu'il n'est pas à la portée du modeste pèlerin. Je me repose sur un banc et contemple une fresque moderne en fer forgé posée sur un grand mur. Elle décrit la rencontre ici même, dans la ferme d'Hundorp en 1021, du roi Olav Haraldsson (le futur saint) avec Gudbrand de Dale, un des hommes les plus puissants de la région :

« Olav est arrivé tôt le matin pour tenter de convertir Gudbrand et les fermiers vikings des alentours au christianisme. Il se poste devant la statue du dieu Thor, le fils d'Odin. Quand la réunion commence, Gudbrand de Dale demande au roi Olav où se trouve son Dieu. Alors que le soleil se lève, le roi répond : "*Il vient mon Dieu avec une grande lumière*". Lorsque les paysans se tournent pour regarder le lever du soleil, un soldat du roi Olav fracasse la statue du dieu Thor. Des souris, des lézards et des vers en sortent. A la vue de ce "miracle", Gudbrand de Dale et les paysans se convertissent ». Cette légende est racontée dans les sagas de Snorre[16].

Plus loin, le chemin passe devant l'église de Son-Fron dont l'originalité est d'être octogonale. C'est la première église de la sorte que je vois. Cette forme à huit pans pourrait avoir une signification symbolique : n'est-il pas écrit dans les évangiles que Jésus est ressuscité huit jours après le dimanche des rameaux ? Toutefois, pour certains architectes, le choix octogonal est simplement dicté pour des raisons d'ingénierie de construction. A l'extérieur de l'église, une croix moderne trône sur un socle également octogonal sur lequel sont gravés les noms de tous les principaux villages et villes traversés par le pèlerinage du *Gudbrandsdalsleden*, le chemin où je marche depuis maintenant deux semaines.

J'arrive à Sygard Grytting à 15h. Sygard Grytting est un ensemble de bâtiments dont l'histoire s'échelonne sur sept siècles. Ce site est l'un des plus beaux et mieux conservés de Norvège. Il s'agit d'une ferme traditionnelle comprenant vingt bâtiments chargés d'histoire.

J'y retrouve trois randonneuses autrichiennes qui raccourcissent leurs étapes en commençant ou en finissant en taxi. Plus tard, allongé sur la pelouse, je profite de ce moment de farniente pour échanger quelques mots avec une jeune Allemande, Jana. Elle marche avec ses deux chiens et espère arriver à Trondheim. Elle a déjà parcouru, en compagnie d'un de ses chiens, le camino del norte et le camino frances, deux chemins espagnols menant à Compostelle. Feragen fait également halte ici. Alors que nous nous prélassons au soleil, un groupe de douze randonneurs arrive dans la cour. Un minibus transporte leurs bagages, ils ne portent ainsi qu'un léger sac à dos durant leur marche et sont accompagnés d'un guide. Nous apprenons qu'ils ne marchent que sur les portions d'étapes les plus spectaculaires du « *St Olav's way* ».

En fin d'après-midi, une bonne odeur de poulet rôti se dégage de la cuisine tout près du jardin où nous nous reposons. Le groupe aura droit au repas préparé par la patronne des lieux. Aux vrais pèlerins-randonneurs qui ont marché toute la journée, le propriétaire dira que c'est complet pour le dîner ! Il ne nous reste plus qu'à puiser dans les provisions du sac et à préparer nos repas. Ce sont les aléas du chemin et je ne m'en formalise pas car l'accueil est cordial.

Le pèlerin solitaire pourrait à l'avenir rencontrer de sérieux problèmes d'hébergement si ce pèlerinage gagne en notoriété. Les scandinaves aiment marcher en groupe. Ils réservent à l'avance leur hébergement en faisant appel à des sociétés organisatrices ou à des associations. Les possibilités de logement étant rares sur ce chemin, le pèlerin doit, si le gîte est complet, soit continuer sa route, soit accepter ailleurs un logement plus onéreux. Ainsi à deux reprises, on me répondra au téléphone que le logis est complet car occupé par un groupe. Peut-être le même qu'aujourd'hui ? Un des deux propriétaires aura toutefois la gentillesse de me communiquer les coordonnées d'un autre logement.

Je dors avec les autres pèlerins dans un bâtiment de style médiéval datant des années 1300, rénové en 1780. Les cinq chambres du bâtiment peuvent accueillir une vingtaine de personnes. Je partage une très grande chambre avec Feragen. De grandes peaux de moutons sont suspendues aux murs. La chambre est équipée de meubles anciens décorés. Tout dans cette pièce rappelle l'habitat viking et c'est plutôt réussi. Je m'y croirais et je ne serais pas étonné de voir un guerrier viking franchir le seuil de la porte.

Jana demande où elle peut dresser sa tente et se voit proposer, malgré ses deux chiens, l'une des cinq chambres disponibles pour un prix modique. Nous savons que cette nuit sera très froide et c'est généreux de la part du propriétaire d'avoir réservé une chambre à cette jeune fille. Il est très rare sur les chemins d'accepter de loger un pèlerin avec un chien et pire encore avec deux chiens.

Depuis mon départ, je ne me suis jamais retrouvé dans une auberge avec autant de personnes : des Allemands, des Autrichiens et des Norvégiens. Il est curieux de constater les habitudes de chaque nationalité, notamment à l'heure des dîners. Le Norvégien dîne très tôt vers 17h, l'Allemand vers 18h et le Français vers 20h. Ces différences d'horaires ne finissent pas de m'étonner.

Si le petit déjeuner (*frokost en norvégien*) est en semaine grosso-modo à la même heure qu'en France, c'est-à-dire avant 8h, le déjeuner se prend généralement entre 10h30 et 11h. Il se compose la plupart du temps de tartines ou de sandwichs. Quant au repas suivant (*middag en norvégien*), il se prend entre 16h et 17h. C'est en général le seul repas chaud de la journée, parfois suivi d'un en-cas entre 19h et 21h, composé la plupart du temps de tartines. C'est assez amusant de voir des gens dîner quand vous en êtes encore au goûter.

Une discussion avec Feragen me confirme que la nourriture étant très chère en Norvège, il est assez fréquent pour un Norvégien de faire une journée de shopping en Suède et de revenir la voiture chargée de nourriture et d'alcool. Feragen ajoute en rigolant : « *les Norvégiens vont en Suède, les Suédois au Danemark, les Danois en Allemagne et les Allemands en Pologne !* ».

X

Les Vikings et la religion

Nous ne savons presque rien sur les pratiques religieuses païennes à l'époque viking. Il y a peu de preuves contemporaines et, bien qu'il existe des références occasionnelles au paganisme dans les sagas vikings principalement composées en Islande au XIIIème siècle, nous devons nous rappeler qu'elles ont été écrites deux siècles après la conversion au christianisme. Nous savons que les chefs jouaient aussi un rôle de prêtres, et que le culte païen impliquait le sacrifice des chevaux, mais pas beaucoup plus.

Nous en savons un peu plus sur les histoires associées aux dieux païens. Celles-ci ont survécu après la conversion au christianisme parce qu'il était possible de les considérer simplement comme des mythes, plutôt que comme l'expression de croyances religieuses. Les principales sources de preuves sont les Eddas, merveilleuses œuvres littéraires qui représentent les anciennes croyances païennes en tant que contes populaires. Mais même ici, on constate une influence chrétienne. Par exemple, le dieu Odin s'est sacrifié en étant pendu à un arbre et percé d'un coup de lance sur le côté, suivi d'une sorte de résurrection quelques jours plus tard (un parallèle évident avec la crucifixion du Christ).

Les Scandinaves ne donnaient pas de nom à leur culte. Leurs croyances ne possèdent aucun credo, pas de prière à proprement parler, pas de prêtre, ni ordre religieux, ni temple, aucun support de délire imaginatif ou de longues méditations rêveuses. Les textes constituant la mythologie nordique ont été rédigés par des clercs ou des hommes issus d'une formation cléricale. La question de l'*interpretatio christiana* est souvent débattue pour savoir à quel point les chrétiens ont réinventé la mentalité des Vikings deux ou trois siècles après leur disparition. Ainsi, selon Régis Boyer, un historien spécialiste de la civilisation viking, « *l'Église apportait dans ses bagages toute une magie biblique ou orientale fatidique que l'on attribua à tort aux Vikings* ».

La mythologie nordique se compose de textes provenant principalement de Scandinavie et d'Islande. Il ne faut pas la confondre avec la mythologie germanique bien que cette dernière intègre beaucoup de mythes nordiques. La mythologie nordique est originale car elle accorde une place importante aux femmes et à la nature.

Les différents dieux composant le panthéon nordique se divisent en trois catégories : les Ases, les Vanes et les Dises.

Les Ases sont des dieux guerriers tandis que les Vanes représentent la fécondité, la sagesse et le profit. Ils se font la guerre durant un temps, puis signent une paix et échangent quelques-uns des leurs.

Les Dises forment, dans la mythologie nordique, un ensemble de divinités féminines associées à la mort et à la déchéance. Les Valkyries[17] sont des divinités mineures appelées "*les Dises qui servaient Odin*".

Il existe aussi de nombreuses races comme les géants, les elfes, les nains, les elfes noirs et les hommes. Il faut aussi préciser que les dieux sont mortels.

L'univers est organisé autour d'un arbre gigantesque : Yggdrasil, autour duquel gravitent les neuf mondes. Respectivement :

- **Asgard :** le royaume des Ases, établi sur la plaine Idavoll et dirigé par le dieu Odin.

- **Vanaheim :** le royaume des Vanes, dirigé par le dieu Freyr.

- **Alfheim :** le royaume des Alfes lumineux (ou elfes).

- **Midgard :** le royaume des Hommes (Mannheim) qui signifie littéralement « enceinte du milieu ».

- **Muspellheim :** le monde de feu et royaume du géant Surt.

- **Niflheim :** le monde de glace et l'un des royaumes des morts.

- **Jötunheim :** le royaume des géants avec la forteresse Utgard.

- **Svartalfheim :** le royaume des Elfes Noirs et des Nains.

- **Helheim :** le royaume des morts qui n'ont pas été bons durant leur vie, dirigé par la déesse Hel.

Le Valhalla (ou Walhalla) est une partie du palais d'Asgard, le royaume des Ases et donc du dieu Odin. Son nom vient de *valr* signifiant les guerriers morts et *hall* signifiant maison. Ainsi, le Valhalla est la maison des guerriers morts. Ces combattants, que l'on nomme les Einjerhar, sont tous des mortels élus à leur mort par les Valkyries pour leur bravoure. Cette faveur est la plus grande que l'on puisse accorder à un guerrier puisqu'elle reconnaît ses exploits et son courage. Ainsi, le Valhalla est le paradis pour tous les guerriers nordiques et en y accédant, ils échappent au destin commun des morts qui est de rejoindre le Helheim, le royaume des morts. Cependant, ceci n'est que temporaire, car ils ont été élus dans un but précis : combattre aux côtés d'Odin lors du Ragnarök. Seuls les Einjerhars destinés à combattre avec Odin séjournent au Valhalla, une autre partie d'entre eux réside au Sessrumme, le palais de Freyja.

Dans la mythologie nordique, le Ragnarök renvoie à une fin du monde prophétique comprenant une série d'événements dont un hiver de trois ans sans soleil (Fimbulvetr) suivi d'une grande bataille sur la plaine de Vígríd.

La majorité des divinités comme Odin, Thor, Freyr, Heimdall et Loki, mais aussi les géants et la quasi-totalité des hommes y mourront. Une série de désastres naturels verra ensuite le monde submergé par les flots et détruit par les flammes. Une renaissance suivra où les dieux restants dont Baldr, Hödr et Vidar rencontreront Líf et Lífþrasir, seul couple humain survivant et appelé à repeupler le monde.

La genèse du monde

Au début existent deux mondes : Niflheim (la glace) et Muspellheim (le feu), et entre eux se trouve un gouffre gigantesque du nom de Ginnungagap. Deux fleuves s'échappent des deux mondes afin de se rejoindre dans l'abîme. Cette fusion donne naissance au géant Ymir, le premier et le plus grand de tous les géants.

Bientôt naissent les premiers Ases : Odin, Vé et Vili. Ils tuent Ymir et font de son corps la terre de Midgard. La nature et les astres se forment à partir des restes du géant. Les Ases chassent alors les derniers géants et les envoient à Jötunheim (territoire qu'Odin laisse aux géants de glace à la Création. Avec Utgard pour forteresse, c'est l'un des neuf mondes portés par l'arbre cosmique Yggdrasil).

Les trois Ases se mettent à créer les hommes : Odin leur donne la vie, Vé leur donne les sens et Vili l'intelligence. Alors naissent les deux premiers Hommes, Ask (♂) et Embla (♀), ancêtres de l'humanité. Ils créent aussi un pont entre Midgard et Asgard : le Bifrost.

À l'origine « les pères des Vikings » croyaient en une Déesse Mère et aux grandes forces naturelles que sont le soleil, l'eau, la terre, l'air, le feu et la vie qu'ils ont représentés plus tard par la création d'un panthéon qui compte notamment :

- **Odin :** dieu suprême des Ases, ses fonctions sont multiples comme la victoire, le savoir, la mort et parfois la poésie et la guerre. Il règne dans le palais nommé Valaskjalf d'où il peut observer les neuf mondes.

- **Frigg :** femme d'Odin, elle est la déesse mère associée au mariage et à la maternité. Elle est douée de divination et passe son temps à filer des nuages.

- **Thor :** fils d'Odin et de Jörd, dieu du tonnerre. C'est le plus fort de tous les guerriers, maniant un marteau nommé Mjöllnir. Sa femme se nomme Sif.

- **Jörd :** est l'incarnation de la terre immense, vide et non cultivée. Elle est la mère de Thor, dieu du tonnerre, et de Meili, dieu de l'oubli, qu'elle eut avec le dieu souverain Odin dont elle est une des épouses.

- **Baldr :** fils d'Odin et de Frigg, dieu de la beauté, de l'amour et de la lumière.

- **Freyr et Freyja :** ce sont deux divinités Vanes. Les Vanes représentent un des trois groupes de divinités de la mythologie nordique ; les deux autres étant les Ases et les Dises. Ils sont associés aux cultes de la fertilité, de la fécondité, de la sagesse et de la précognition. Ce groupe de dieux est aussi associé à la magie puisque c'est Freyja qui enseigna la magie aux Ases et aux géants, ainsi que l'art astral à Odin.
  Freyr est le dieu de la fertilité et Freyja est une déesse guerrière qui est aussi associée à l'amour.

- **Loki :** fils du géant Farbauti et de Laufey. Père du loup Fenrir, du cheval Sleipnir, du serpent Jörmungand et de la déesse des enfers, Hel. C'est le dieu de la discorde.

L'âge de la conversion

Les raids sur les royaumes francs et les îles britanniques ont apporté un contact accru avec le christianisme. Bien que les Vikings semblent souvent avoir maintenu leurs croyances pendant les périodes de leurs raids, il y avait une pression considérable pour les convertir au christianisme s'ils voulaient avoir des relations plus pacifiques avec les chrétiens.

Une convention plus ou moins formelle s'appliquait au commerce puisque les chrétiens n'étaient pas vraiment censés commercer avec les païens. Bien qu'une conversion complète ne semble pas avoir été exigée de tous les commerçants scandinaves, la coutume de 'primsigning' (première signature) a été introduite. C'était un pas à mi-chemin, en deçà du baptême, mais indiquant une certaine volonté d'accepter le christianisme, et cela était souvent considéré comme suffisant pour permettre le commerce.

Les tentatives de conversion de la Scandinavie ont commencé avant même l'ère viking. L'anglo-saxon saint Willibrord (premier évêque d'Utrecht) a mené une mission au Danemark en 725, mais celle-ci a eu peu d'effet. Les Francs et saint Ansgar (archevêque de Hambourg et évêque de Brême) ont mené une deuxième vague d'activité missionnaire à partir des années 820 avec le soutien de l'empereur des Francs Louis le Pieux. Saint Ansgar et ses disciples ont établi des missions au Danemark et en Suède, avec le soutien des dirigeants locaux, mais ont eu peu d'impact sur la population dans son ensemble.

Les preuves archéologiques suggèrent que le christianisme a été adopté au coup par coup en Norvège, avec des colonies de conversion ou non selon que le chef local s'était converti ou non. Au milieu du Xème siècle, Haakon 1er de Norvège surnommé le Bon[18], qui avait été élevé en Angleterre, utilisa son autorité royale pour établir le christianisme. Cependant, quand il s'aperçut que cela lui ferait perdre le soutien des chefs païens, il abandonna ses tentatives. Les évêques anglo-saxons furent renvoyés en Angleterre.

Les actions ultérieures des missionnaires à la fin du Xème siècle n'ont eu qu'un effet limité en Norvège et en Suède. Olav Tryggvason, roi de Norvège et Olof Tribute, roi de Suède ont tous deux été convertis, mais cela a eu un effet limité sur la population dans son ensemble. Une nouvelle vague de conversion en Norvège sous Olav Haraldsson (saint Olav), entre les années 1015 et 1030, a été plus fructueuse et a conduit progressivement à une conversion définitive.

XI

De Sor-Fron à Kongsvold

30 juin - de Sor-Fron à Kvam

Les paysages ne me déçoivent pas aujourd'hui. De beaux espaces s'ouvrent devant moi au fil des heures. Je me sens d'ailleurs un peu coupé du reste du monde et surtout extrêmement privilégié de pouvoir admirer une telle nature. La succession de mes pas m'emporte sous les eaux troubles de mes pensées. Le temps n'est plus alors qu'une perception secondaire. Je revisite les bons et les mauvais souvenirs de mon existence. En flashs successifs, ils ressurgissent de ma mémoire. Oui, mon Dieu ! J'ai déjà vécu tout ça ! Il me semble que c'était une autre vie. Plongé dans mes rêveries, je suis victime d'une hallucination : j'aperçois au loin dans une clairière... une girafe ! En me rapprochant, je comprends qu'il s'agit d'une sculpture très réaliste en grandeur nature. L'endroit est isolé, aucune habitation en vue, c'est totalement inattendu. Je pensais rencontrer des trolls[19] ou des nains, mais certainement pas une girafe ! Je suis déçu de ne pas en apprendre davantage sur la présence de cette œuvre « monumentale » en ce lieu.

J'arrive à 14h au très beau camping de Kvam. Douches, machines à laver et à sécher le linge sont gratuites. J'en profite pour laver tous mes vêtements. Je retrouve Jana et Feragen. Chacun de nous a sa petite hytte équipée de deux lits superposés. Il fait une chaleur étouffante à l'intérieur mais je ne peux pas ouvrir les fenêtres en raison des nombreux moustiques. Je me prépare un bon dîner : petites tomates, surimi, biscuits et une bière. Je m’endors à 21h.

01 juillet - de Kvam à Otta

Peu de temps après le départ, je passe devant une balise de changement de direction sans la remarquer et je perds les marques du chemin. Avant de partir ce matin, j’ai consulté le tracé de la journée, je peux rejoindre le chemin officiel quelques centaines de mètres plus loin ; il est donc inutile de faire demi-tour. Mais pour rattraper mon erreur, je dois marcher le long de la route E6 qui est très fréquentée. Ce détour non planifié me fait passer devant une station-service avant le village de Sjoa. L’aire de repos de la station est très décorée et ressemble davantage à un parc d'attractions[20] ! J’y retrouve pêle-mêle une statue de la liberté, des géants, des nains, des trolls, le tout sculpté dans du bois. C’est une bonne idée pour attirer l’attention d’éventuels clients mais y a-t-il un rapport avec la girafe aperçue hier ? Etonné de constater un tel capharnaüm à cet endroit, j’en oublie d’entrer dans la station-service pour questionner les propriétaires à ce sujet.

Je fais une pause vers 11h dans un endroit appelé Stâheim qui domine la vallée. La ville d'Otta est visible au loin. Les glaciers, le vent et la pluie ont façonné ce magnifique paysage. Une belle croix en bois domine le site. Un panneau m'informe qu'en lieu et place de cette croix se trouvait une chapelle construite vers le XIVème siècle. Plantées au milieu de cette nature sauvage, ces croix qui jalonnent le parcours ont-elles été dressées pour rappeler aux pèlerins cette association qui unit la nature et le divin ?

Je m'attarde longuement en contemplant le paysage. Je suis bien, je respire le bonheur qui se dégage de ce lieu paisible. Aucun bruit de moteur. Seuls, le murmure du vent et le chant des oiseaux agrémentent ce bien-être dans lequel cette quiétude me plonge. Un torrent coule non loin de là. Midi approchant, je décide de rester pour déjeuner. Plus tard, Feragen me rejoint. Une source coule à quelques dizaines de mètres, Feragen en profite pour remplir ses deux gourdes. Mes réserves d'eau de deux litres sont suffisantes et évitent le remplissage régulier d'une gourde. J'ai gardé un très mauvais souvenir d'une randonnée dans les Alpes où, après avoir bu de l'eau à une source, j'avais été malade la nuit entière. Depuis, j'emporte une réserve d'eau suffisamment importante pour tenir la journée. Tant pis pour les deux à trois kilos supplémentaires qui alourdissent d'autant mon sac à dos.

Nous effectuons ensuite une longue descente très raide, puis nous marchons le long d'une piste cyclable longeant la route E6. Nous continuons le chemin ensemble jusqu'à Otta, terme de notre étape.

Otta est une ville importante sur le chemin mais curieusement, elle n'offre pas de maison d'accueil spécifique pour les pèlerins. Hier, Feragen a réservé deux chambres dans une pension tenue par une dame âgée. Notre hébergement se situe à l'extrémité de la ville mais, grâce au GPS installé sur mon téléphone, nous localisons facilement l'adresse. Le GPS est devenu un instrument dont le pèlerin moderne ne peut plus se passer, notamment pour se diriger dans une grande ville ou se réorienter en cas d'égarement. Plusieurs fois, mon GPS m'a sorti de situations délicates.

La ville d'Otta n'est pas très jolie. On vient dans la région surtout pour y faire du rafting et du kayak sur la rivière Sjoa, l'une des plus turbulentes d'Europe.

Feragen est un type sympa, discret comme la plupart des Norvégiens. Nous ne savons rien de nos vies respectives. Comme je n'ai pas l'habitude de poser des questions aux pèlerins qui m'accompagnent, lui ne m'en pose pas. Pourtant, alors que nous partons ensemble faire nos courses, son attention est attirée par la devanture d'un pub. Il me fait signe que « c'est un bon endroit » en levant son pouce. Nous sommes samedi aujourd'hui et je ne suis pas long à comprendre. Avant d'entreprendre ma marche, j'ai lu quelques blogs sur le déroulement de week-ends bien arrosés en Norvège. Les Norvégien(ne)s ont la fâcheuse tendance à consommer beaucoup d'alcool le vendredi et le samedi soir. Lorsque Feragen me demande si je souhaite l'accompagner ce soir, je réalise que c'est l'occasion pour moi de vérifier si ce que j'ai lu est un ramassis de sottises ou bien la réalité. De retour à la pension, nous dînons et buvons quelques bières en discutant puis, vers 22h, nous nous rendons au pub. La musique jouée est un mélange de house et de techno. Feragen m'entraîne directement au bar où, du haut de nos chaises, nous surplombons la petite piste. J'observe déjà quelques danseurs qui titubent. Apparemment, personne n'y prête attention. Une bière, deux bières... Les heures défilent. Dans quelques heures, j'entame une marche de 27 kilomètres et je m'apprête à partir lorsqu'une femme d'une trentaine d'années se plante devant moi, son verre à la main, et m'aborde avec un grand sourire :

— Ton copain m'a dit que tu es Français, c'est vrai ?

— Oui, je suis Français.

Et en regardant Feragen qui observe la scène du coin de l'œil :

— T'es gay ? c'est ton copain ?

Je lui réponds en souriant :

— Non, je ne suis pas gay. Je vais à Trondheim. Je marche sur le chemin de Saint-Olav.

Apparemment, la jeune femme se moque complètement de saint Olav et enchaîne directement sur la France.

— Je connais bien la France. J'ai été une jeune fille au pair à Paris quand j'avais 19 ans. Les Champs-Élysées, le Sacré-Cœur, Montmartre, le Louvre… J'adore !

Elle me regarde fixement dans les yeux et, ne s'adressant plus à moi en anglais, mais dans un français teinté d'un fort accent scandinave :

— Vous, les Français, vous aimez faire l'amour !

Gloups ! Puis, après quelques instants où, interloqué, je ne sais que répondre, la Norvégienne ajoute en éclatant de rire :

— Comme moi !

Re-gloups ! Au moins, c'est direct et son regard insistant ne me laisse aucun doute sur la suite qu'elle espère donner à notre rencontre.

N'ayant plus les idées très claires et, pour tout dire, victime d'une fâcheuse amnésie sur le déroulement final de cette soirée, je préfère citer le témoignage d'Elodie trouvé sur le web. Elle raconte d'une manière assez précise la situation du moment :

« *L'absorption de boissons alcoolisées tout au long de la soirée s'achève sur quelques derniers verres avant la fermeture. Un ballet assez surprenant se met en place : les hommes se mettent en mode d'observation et d'attente. Passifs, mais néanmoins alcoolisés, les plus petites tentatives d'approches de leur part sont proches du néant. Les Norvégiennes, habituellement si inaccessibles, sont là aux aguets, cherchant des yeux le mâle qui pourrait combler leurs désirs pour cette nuit ou celles à venir. Elles font leur marché. La tentative d'approche est généralement peu subtile. La tentative de "contact" est déjà en cours : une succession de regards faussement séducteurs, d'attitudes aguicheuses à la limite du grotesque. Réceptif ou non, l'homme n'a pas vraiment le choix en réalité ! Sûres d'elles, même lorsqu'elles titubent, elles s'imposent et disposent de ces mâles décontenancés et/ou attirés ».*

02 juillet - d'Otta à Dovreskogen

La nuit a été courte, très courte et pour la première fois depuis mon départ, j'ai programmé le réveil de mon téléphone à 7h. Sage décision.

Le chemin fait des détours acrobatiques encadrés par de belles vues dominant la vallée et notamment une magnifique cascade. Mais les sentiers très étroits côtoient le vide et sont dangereux, notamment par temps de pluie. Je ne suis pas rassuré de marcher à certains endroits. Parti après Feragen, je suis seul et j'imagine le temps nécessaire aux secours pour me retrouver si je chute et me casse une jambe. D'ailleurs, me retrouverait-on ? Le doute m'envahit et je suis soulagé lorsque le chemin devient moins périlleux.

Je passe la borne des 284 kilomètres à Sel, un petit village comme il en existe des centaines en Norvège. Je m'arrête dans le cimetière de Nord-Sel où reposent 31 soldats britanniques tués lors de la bataille d'Otta qui les opposa aux Allemands le 28 avril 1940. Pendant la Seconde Guerre mondiale, la Norvège était d'une importance stratégique majeure pour les Allemands. Son invasion, le 9 avril 1940, fut soudaine et généralisée et, malgré l'intervention des alliés, tout le pays fut sous occupation allemande au début du mois de juin. Par la suite, l'activité alliée en Norvège se limita aux raids et aux opérations spéciales, les forces aériennes du Commonwealth soutenant les groupes de résistance norvégiens jusqu'à la capitulation allemande en mai 1945.

Je marche entre les rangées de tombes et je lis le nom de chaque soldat mort pour la liberté. La plupart d'entre eux ont une vingtaine d'années. Sur certaines stèles, les familles ont gravé un texte. Je lis avec beaucoup d'émotion l'épitaphe du soldat Johnson mort à vingt-sept ans : *« Profondément dans notre cœur, un souvenir est gardé de celui que nous aimions et que nous n'oublierons jamais ».*

Nord-Sel est un hameau composé de vieilles fermes, réputé pour avoir servi d'inspiration au roman de Sigrid Unset « *Kristin Lavransdatter* ». Devant l'église se dresse une très belle statue en bronze représentant la belle Kristin, l'héroïne d'une trilogie publiée entre 1920 et 1922. C'est l'œuvre la plus connue de cette romancière norvégienne qui lui a valu le prix Nobel de littérature en 1928.

Le cycle de la trilogie raconte la vie de Kristin Lavransdatter, une Norvégienne fictive vivant au XIVème siècle. Fille d'un fermier influent et respecté, elle vit un certain nombre de conflits relationnels avec ses parents et son époux dans la Norvège médiévale, et trouve du réconfort dans sa foi catholique[21].

J'arrive au camping de Vollheim à 14h30. J'ai réservé une hytte pour moi seul. J'ai à peine le temps de retirer mes chaussures que je m'écroule de fatigue sur mon lit dans une sieste réparatrice de trois heures. Plus tard, le dîner est vite préparé et avalé. Je me recouche sitôt la vaisselle faite et m'endors immédiatement.

03 juillet - de Dovreskogen à Budsjord

La nuit fut céleste. Je me réveille encore imprégné de la jouissance du sommeil. J'ai l'impression d'avoir rêvé en une nuit ce que l'on rêve en une semaine. La marche pourtant m'appelle et j'enfile, résigné, mes vêtements puis mes chaussures.

Un fort vent glacial souffle de face lorsque je démarre l'étape du jour longue de 20 kilomètres.

J'avance le plus souvent le long d'une petite route de campagne. Le ciel est chargé de nuages et la pluie menace. Je m'arrête quelques instants devant une plaque commémorative d'une célèbre bataille gagnée en 1612 par les paysans norvégiens contre une colonne d'environ 300 mercenaires écossais qui rejoignaient la Suède. Seuls 18 d'entre eux ont survécu. Ce drame n'est qu'un épisode des guerres auxquelles se sont livrés le Danemark et la Suède pendant plusieurs siècles pour assurer leur suprématie sur la Norvège. Tantôt rattachée à l'un ou à l'autre pays au gré des victoires, la population norvégienne a durement été touchée par tous ces conflits. Ce n'est seulement qu'à partir de 1905 que la Norvège aura sa totale indépendance.

J'arrive à Budsjord sous un froid hivernal. Budsjord signifie « terre de l'évêque » et a été citée dès l'an 1400 dans un document. C'était alors la propriété de l'archevêque de Nidaros. Cette ancienne ferme se trouve sur le chemin. Elle se compose de 18 bâtiments anciens et est devenue un centre d'accueil pour les pèlerins et les randonneurs.

Une jeune fille me conduit dans une maison d'une seule pièce spacieuse et claire, un peu à l'écart des autres bâtiments. J'ai plusieurs couvertures à ma disposition, je n'aurai pas froid cette nuit. J'ai beaucoup de chance de bénéficier de ce logement. Les autres pèlerins qui arriveront plus tard logeront dans des pièces moins confortables, notamment les trois randonneuses autrichiennes qui dormiront dans les anciennes écuries où un lit a été installé à l'intérieur de chaque box. Le moins que l'on puisse dire est que l'ensemble est rustique. Le patron l'explique par une pseudo reconstitution de l'accueil des pèlerins au Moyen Âge. C'est presque réussi !

Le soir, je dîne avec Feragen dans la salle à manger de l'ancienne ferme. Nous dînons légèrement : des petites boulettes de viande accompagnées de légumes flottent dans un bouillon très clair. Les boulettes de la taille d'une bille sont blanches et ressemblent à des croquettes réhydratées. Feragen m'explique que ce plat s'appelle « *sodd* ». C'est un plat typique servi lors de grandes occasions comme un mariage. Pauvres Norvégiens ! Une pomme termine ce frugal repas.

04 juillet – de Budsjord à Furuhaugli

Je démarre à 8h pour une journée qui sera la plus belle depuis mon départ. En ce début d'étape, je marche avec Feragen mais très vite il me distance. Il doit parcourir aujourd'hui 12 kilomètres de plus que moi. Hier, il m'a donné son numéro de téléphone en me recommandant de l'appeler en cas de problème. J'apprécie ce geste amical. Je ne le reverrai plus par la suite.

Dorénavant, je vais marcher seul tout le long de la traversée du parc national de Dovre. La vue des montagnes enneigées m'offre un spectacle majestueux. Elles sont là, tenant l'espace devant moi, encadrant mes pensées et mes émotions. Je franchis plusieurs torrents et les premiers névés. Je dois traverser des zones marécageuses où mes pieds s'enfoncent parfois jusqu'aux chevilles. Pendant plusieurs heures, respirant le vaste paysage, je marche sur un plateau balayé par le vent. Malgré le ciel bleu, la température est glaciale mais peu m'importe, je me croque un moment d'éternité. Tout est gravé dans ma mémoire. Je n'oublierai jamais ces instants où je ressens la vie sous sa forme la plus pure : le bruit du vent, la forme des nuages, les arbres recouverts de mousse, les petites fleurs tapissant le sol, mon union profonde avec la terre et l'insignifiance de ma personne au milieu de cette nature sauvage.

J'arrive au camping de Furuhaugli à 16h. Dieu que c'était dur aujourd'hui ! J'ai marché huit heures pour parcourir 19 kilomètres soit 2,5 km/heure !!! J'ai loué une hytte. Heureusement, celle-ci a un radiateur qui fonctionne, je l'allume de suite. Après la traditionnelle lessive, j'étale mes vêtements et mes chaussures sur le radiateur ; la chaleur se chargera de les sécher. Je dîne au restaurant du camping. A l'inverse d'hier, le menu est excellent : deux darnes de saumon accompagnées de légumes et de riz. Je m'offre un grand verre de vin, le premier depuis le départ. Après le dîner, je discute avec deux randonneuses allemandes rencontrées hier à Budsjord. L'une d'elles vient de se faire une entorse ; pas question de continuer, elles arrêtent et regagneront l'Allemagne dès demain.

En Espagne, j'ai croisé des randonneurs qui s'entêtaient à continuer leur chemin malgré l'avis des médecins, d'autres qui marchaient au prix de violentes souffrances suite à des ampoules infectées et encore d'autres, victimes d'une tendinite, qui avançaient en boitant et en s'aidant d'un bâton. En principe, il est rare que ces « victimes du chemin » arrivent au terme de leur objectif. Tout comme la randonneuse allemande, elles finissent bien souvent par s'avouer vaincues, prennent le bus, le train ou un taxi pour rejoindre une grande ville d'où elles pourront au mieux se reposer plusieurs jours ou au pire, regagner leur pays. La décision d'arrêter n'est jamais facile car beaucoup de sacrifices et de souffrances ont été consentis avant et pendant le chemin. Souvent, l'abandon est ressenti comme une défaite.

05 juillet - de Furuhaugli à Hageseter

La marche d'aujourd'hui doit encore traverser des zones marécageuses. Contrairement à hier, des volontaires d'associations norvégiennes de randonnée ont posé des planches sur des plots sur plusieurs dizaines de mètres pour permettre aux randonneurs de traverser ces espaces humides les pieds au sec. Je redouble d'attention en marchant sur ces planches car certaines d'entre elles sont glissantes comme une savonnette. Pourtant, en traversant un énième marais, mon pied glisse et s'enfonce complètement dans le sol spongieux. Je tente de le dégager de la boue mais, déséquilibré par mon sac à dos, je bascule et me retrouve assis dans l'eau, les fesses trempées. Loin de pester, je rigole devant une situation si cocasse. Je ne pense pas avoir connu une telle posture lors de mes précédentes randonnées : seul au milieu de nulle part, je suis le cul dans l'eau, complètement trempé jusqu'à la ceinture. Cette chute aurait pu avoir des conséquences bien plus graves ! A l'endroit où j'ai chuté, il est impossible de me changer ni de retirer l'eau des chaussures. Je dois marcher plusieurs centaines de mètres avant de quitter le marécage et revêtir de nouveaux vêtements secs. Je change mes chaussettes mais l'intérieur de mes chaussures reste imbibé d'eau. C'est donc les pieds trempés que je poursuis ma marche.

Plus loin à perte de vue, le paysage devient blanc : le sol est recouvert de lichen. Ce végétal de la famille des champignons constitue la principale nourriture des rennes pendant l'hiver. Grâce à leur odorat très développé, ils peuvent sentir le lichen sous une épaisse couche de neige qu'ils grattent avec leurs sabots.

Je contourne le lac Avsjoen en grignotant mes derniers biscuits en guise de repas car je n'ai plus de provision. Je profite d'une pause pour étendre au soleil mes habits mouillés et mes chaussures. La peau de mes pieds est toute blanche et toute fripée. Je les frotte énergiquement pour activer la circulation sanguine mais hélas sans grand succès.

J'arrive au camping d'Hageseter où j'ai réservé une hytte. Je dois à présent préparer mes prochaines journées de marche.

Le mauvais temps arrive ce week-end. Est-il judicieux de faire un détour par le parc national de Dovrefjell comme prévu pour tenter d'observer les bœufs musqués ? Si je choisis cette option, je devrai monter en altitude jusqu'au refuge de Reinheim situé à côté du pic du Snohetta, point culminant du parc à 2286 mètres et je crains que les conditions météorologiques rendent ce chemin dangereux, notamment en cas de brouillard. Je décide d'attendre demain avant de prendre une décision.

En attendant, je profite de la petite épicerie du camping pour reconstituer mon stock de vivres. Je dois constamment veiller à maintenir mes réserves de nourriture pour 2 jours.

06 juillet - d'Hageseter à Kongsvold

Je suis à 935 mètres d'altitude lorsque j'arrive à Vesle Hjerkinn. Je m'arrête devant un panneau d'information : des fouilles archéologiques ont permis de dégager les fondations de cinq maisons construites entre les années 950 et 1350. Deux d'entre elles étaient excavées, c'est-à-dire semi-enterrées. Une timide reconstitution composée de longs rondins de bois permet d'imaginer l'ensemble.

Lors des fouilles, plus de 300 kilos d'os d'animaux, notamment de rennes, ont été trouvés. Les maisons se situaient sur le chemin de Saint-Olav qui passait déjà ici au Moyen Âge. Les archéologues en ont déduit qu'il pouvait s'agir d'une auberge pour pèlerins. Ils estiment également que le site a été abandonné lors de l'épidémie de la grande peste qui a frappé la Norvège en 1350.

Plus loin, je m'arrête à Eysteinkyrkja (l'église d'Eystein). Le pasteur des lieux me reçoit et me fait visiter son église. Il m'explique qu'elle a été bâtie à l'emplacement d'un hospice construit entre les années 1050 et 1130 par le roi viking Eystein Magnusson[22] pour les pèlerins se rendant sur la tombe de saint Olav. La cloche servait à les guider en cas de mauvais temps. Un passeport de pèlerin datant de 1439 a été retrouvé dans les ruines. L'église actuelle date de 1969 et poursuit sa vocation d'accueil.

Je demande à ce sympathique pasteur pourquoi l'église se nomme Eynsteinkyrkja et non pas Eysteinkyrke. La réponse est relativement simple : il existe deux langues officielles en Norvège, le **bokmål** et le **nynorsk**. « *Kirke* » signifie église en langue bokmål et « *kyrkja* » signifie également église mais en langue nynorsk. Ces deux langues sont placées sur un pied d'égalité, c'est à dire qu'elles sont utilisées par l'administration, l'école, l'église, la radio et la télévision. Des livres, des revues et des journaux sont publiés dans les deux langues. Les habitants décident, au niveau local, de la langue qui sera principalement enseignée dans les écoles où ils envoient leurs enfants. Officiellement, la langue enseignée est appelée langue principale et l'autre, la langue secondaire. Plus de 80% des Norvégiens choisissent le bokmål comme langue principale.

Après ces éclaircissements, le pasteur appose un tampon sur ma credencial et m'offre un café accompagné de quelques gâteaux secs. Une attention qui fait chaud au cœur surtout par ce froid glacial.

Quatre kilomètres plus loin, je passe devant la borne des 208 kilomètres avant Nidaros. Je quitte alors la région d'Oppland[23] pour entrer dans celle de Trondelag[24]. Je marche seul dans cette lande sauvage. Je réalise à quel point la solitude me pèse. J'éprouvais, l'année dernière, un sentiment radicalement opposé tant les pèlerins étaient nombreux en Espagne sur le camino Frances.

J'arrive en milieu d'après-midi dans un bel ensemble hôtelier : le « Kongsvold Mountain Lodge » dont l'histoire remonte au XIIème siècle. Le bâtiment le plus ancien a été construit vers 1720. Une maison indépendante est réservée aux pèlerins et aux randonneurs pour un prix modique... pour la Norvège.

Déjà au XIIème siècle, une petite auberge avait été construite dans la région afin que les voyageurs puissent traverser la montagne en toute sécurité. Plus tard, des gîtes de montagne ont été bâtis pour la même raison et Kongsvold est devenu l'un d'entre eux en 1670.

Pendant la Grande Guerre du Nord en 1718 qui opposait les Norvégiens aux Danois et aux Suédois,

Kongsvold et les autres gîtes de la région ont été incendiés par les soldats norvégiens qui pratiquaient la technique de la terre brûlée pour retarder l'avancée des troupes suédoises. La stratégie a fonctionné puisque l'avant-garde suédoise s'est repliée. Le site de Kongsvold a été reconstruit en 1720 et les plus anciennes maisons datent probablement de cette époque.

Kongsvold est à présent devenu un hôtel de luxe avec un restaurant dont les prix des menus sont inaccessibles pour le pèlerin. Toutefois, une belle cuisine est mise à la disposition des randonneurs qui ont également accès aux salons de l'hôtel. Du café et du thé sont offerts. Au sous-sol, une salle est prévue pour sécher les vêtements et les chaussures. Je commande mon petit déjeuner pour demain. Tout est parfait.

A l'accueil, de nombreuses publicités vantent les safaris photos. Accompagnés d'un guide, les touristes partent à la rencontre des bœufs musqués[25] en toute sécurité. Mais il n'est pas rare qu'un amoureux de ces « bestioles » vienne de manière récurrente faire des selfies avec ces grosses peluches et finisse à l'hôpital avec de multiples contusions. Par imprudence et malgré les recommandations de laisser au minimum une distance de sécurité de 200 mètres avec ces caprinés, il n'est pas rare qu'un accident mortel se produise. Personnellement, je me contente pour l'instant d'un selfie avec la tête naturalisée d'un bœuf musqué qui décore le salon de l'hôtel.

En fin d'après-midi, je repère l'itinéraire qui mène au refuge de Reinheim. Ma décision est prise : je vais quitter le chemin pour 3 jours. Il serait regrettable de passer si près des bœufs musqués sans faire un détour sur leur territoire.

XII

L'habitat des vikings

La maison longue

La maison viking était généralement une maison longue nommée *halle, skalar* ou *eldaskáli* dans les sagas islandaises. C'était un bâtiment indépendant dont la longueur variait en moyenne de 10 à 38 mètres et dont la largeur dépassait rarement plus de 5 mètres.

La maison viking était le plus souvent une ferme qui pouvait accueillir entre 30 et 50 personnes. Toute la famille et ses esclaves travaillaient, mangeaient et dormaient sous le même toit. Les animaux domestiques étaient abrités dans une pièce attenante, procurant ainsi une source de chaleur supplémentaire.

La forme de base oblongue de la maison viking évoquait la forme d'un bateau viking renversé. L'entrée était généralement située sur le mur de devant, proche d'une extrémité de la maison. Il y avait parfois d'autres portes, sur les murs de la façade avant ou arrière, également situées à proximité d'une extrémité du bâtiment. Ces portes de bois pouvaient être verrouillées, dès le XIème siècle, par des serrures à fente en T et des clés de formes bien particulières qui ouvraient le cadenas en comprimant un système de ressorts à lames. Quelques minuscules fenêtres sur lesquelles étaient tendues des peaux de vessie laissaient pénétrer un peu de lumière.

A partir du Xème siècle, des changements ont été apportés aux constructions sous la forme d'agrandissements de dimensions et de styles aléatoires au départ, puis selon une forme plus distinctive. Ainsi l'étable fut séparée de l'habitation. A terme, la maison viking comprenait un nombre variable de bâtiments adjoints, l'ensemble parfois entouré de clôtures ou d'un mur de pierre.

Les fermes de l'époque ont pu se regrouper, ce qui indique une certaine organisation communale. Ces villages semblent avoir été assez répandus au Danemark alors qu'en Suède et en Norvège, il s'agissait plutôt de fermes isolées ou de petites communautés.

La maison fosse

La maison fosse était à demi-enterrée à environ un mètre de profondeur dans le sol. Souvent, elle ne mesurait que trois à quatre mètres de long sur deux à trois mètres de large. La terre environnante formant la partie inférieure de la paroi permettait à l'habitation de bénéficier des propriétés isolantes et, à un certain degré, de la chaleur provenant du sol. Ce type d'habitation pouvait être édifié rapidement et ne réclamait que peu de matériaux de construction.

Les matériaux de construction

Les maisons vikings étaient adaptées à la région et donc construites avec les matériaux disponibles dans un environnement proche.

- La tourbe : c'est le plus ancien et le plus commun des matériaux de construction, naturellement isolant. C'est une matière organique fossile formée sur de longues périodes par l'accumulation de matière organique morte, essentiellement des végétaux, dans un milieu saturé en eau. La tourbe était prélevée en soulevant la couche supérieure du sol ou en la coupant à l'aide d'une bêche à petite lame.
Elle fut utilisée au Groenland et pendant onze siècles en Islande où la technique de construction en tourbe fut si importante qu'elle a survécu jusqu'à nos jours.

- Le bois : les chênes étaient employés pour les charpentes, le noisetier et le saule pour les claies installées entre les poteaux verticaux des murs. Ces claies de bois tressé étaient ensuite recouvertes d'un mélange d'argile et de bouse (appelé torchis sur clayonnage) qui les rendait étanches. En outre, les bâtiments situés à l'intérieur des forteresses

circulaires avaient de solides murs de madriers qui ont nécessité de grosses quantités de chêne.
Les chênes sont rares en Suède et en Norvège, hormis dans l'extrême Sud ; par conséquent, les bois tendres des conifères servaient également à la construction.

- La pierre : une assise de pierres empêchait les poutres les plus basses de pourrir en les isolant du sol humide. Cette assise supportait parfois un plancher de madriers surélevé, lequel permettait une isolation tout en protégeant le plancher de la décomposition. Les pierres des assises, trouvées à l'emplacement des poteaux de bois, sont souvent les seuls vestiges des habitats vikings.

- Les clous étaient couramment utilisés pour assembler certains éléments en bois.

- Le toit était soutenu par deux rangées de poteaux qui couraient sur toute la longueur du bâtiment. Parfois, les poteaux étaient placés en retrait des murs, supportant l'extrémité des chevrons du toit. Cela permettait d'obtenir un espace intérieur ininterrompu, et cela devint la norme à la fin de la période viking.

Une couche d'écorces de bouleau sur la charpente assurait souvent l'étanchéité. La couverture était faite de chaume, de gazon ou de bardeaux en bois.

Les intérieurs

Ils étaient identiques dans toute la Scandinavie. Un hall d'entrée permettait d'accéder à la partie centrale du bâtiment. Le terme *eldaskáli* semble faire référence à cette pièce centrale. La pièce principale qui servait donc d'habitation était de forme rectangulaire et de dimension variable. Selon l'architecture, deux rangées de solides poteaux soutenant le toit pouvaient y délimiter deux espaces parallèles.

Au centre de la partie habitée se trouvait le foyer, le "long feu", un simple trou creusé dans la terre, parfois construit et cimenté avec de la boue ou encore délimité avec des pierres, qui procurait chaleur, lumière et moyen de cuisson. Il n'y avait pas de cheminée et la fumée s'échappait par un trou dans le toit. De chaque côté, des banquettes couraient le long des murs. Il s'agissait généralement de remblais de terre recouverts d'un cadre de bois. Ils servaient aussi bien de sièges dans la journée que de lits pour la nuit.

Des cloisons transversales divisaient parfois l'habitation en plusieurs pièces, celles-ci pouvant servir essentiellement de lieu de stockage et d'espace de travail. Une cuisine séparée, par exemple, était chose inhabituelle.

Les objets ménagers et l'ameublement

La plupart des informations concernant les objets ménagers et le mobilier des Vikings proviennent du mobilier funéraire découvert dans des sépultures qui sont souvent celles de riches personnages. Il semblerait que les intérieurs plus modestes étaient peu meublés.

Tout ce que les occupants possédaient, depuis les vêtements, jouets, outils, ustensiles de cuisine et meubles jusqu'à la maison elle-même, était de leur propre fabrication. Seuls quelques objets ont pu être fournis par des artisans itinérants ou achetés dans les villes en échange de produits de la ferme. La plupart des meubles qui ont été retrouvés sont des tabourets et des coffres fermés à l'aide d'un loquet ou d'un mécanisme comparable au cadenas.

Le mobilier le mieux conservé provient des grandes tombes princières d'Oseberg et de Gokstad en Norvège. Parmi celui-ci, un lit aux montants sculptés de têtes de dragon, une chaise au siège tressé, plusieurs coffres souvent ouvragés, un grand nombre d'outils et d'instruments permettant de travailler le bois, et de grands seaux parfois richement décorés pouvant servir au brassage de la bière ou contenir de la viande salée.

Dans les habitations qui furent incendiées, il a été possible de localiser l'endroit où se trouvait le métier à tisser grâce à la série de poids tombés sur le sol. Une riche tombe danoise de l'époque viking tardive contenait des fragments d'une petite table de bois dont le dessus était une sorte de plat de bronze au creux peu prononcé qui pourrait avoir servi de table de toilette. Les tables habituelles des Vikings devaient avoir l'aspect de toutes celles du Moyen Âge, longues et étroites, telles qu'elles sont représentées sur la Tapisserie de Bayeux.

Les banquettes et les lits étaient pourvus de lourdes couvertures dont on a retrouvé des fragments à Oseberg. Des vestiges d'oreillers de plumes ont pu être identifiés sur différents sites archéologiques.

Les chaudrons, suspendus par des chaînes au-dessus du foyer, étaient en fer rivé, ou en feuilles de cuivre, ou découpés dans la stéatite (roche très tendre, principalement composée de talc, qui se creuse facilement et garde longtemps la chaleur). Ces derniers devaient être les plus prisés car ils sont les plus couramment découverts lors des fouilles.

Outre la lumière provenant du foyer, la demeure pouvait être éclairée, en cas de nécessité, à l'aide de torches de bois résineux. La source de lumière la plus importante et la plus répandue était la lampe à huile en pierre, en céramique ou en métal. Les bougies de cire firent leur apparition avec le christianisme vers la fin du Xème siècle mais les ressources en cire d'abeille étant limitées, les chandelles de suif étaient plus courantes.

La décoration intérieure

Il y a peu d'information au sujet de la décoration intérieure. Quelques meubles ont du être peints. Des analyses chimiques ont permis de détecter la présence de pigments de différentes couleurs (blanc, rouge, vert, noir et jaune) sur des objets en bois découverts dans des chambres funéraires. Les intérieurs les plus riches ont pu être agrémentés de tapisseries ou de fresques.

XIII

De Kongsvold à Oppdal

07 juillet - de Kongsvold au refuge de Reinheim

La journée qui s'annonce sera très difficile, mais c'est le prix à payer pour accéder au parc national de Dovrefjell qui se situe sur un haut plateau. Ma seule crainte concerne la météo, notamment le brouillard. Le mauvais temps arrive et je risque d'être seul sur les sentiers qui mènent au refuge de Reinheim.

Dès le départ, le sentier monte en ligne droite. Aucun lacet ne facilite la montée. A plusieurs reprises, je dois marquer une pause pour ralentir mon rythme cardiaque. Un extrait du livre de Yves Paccalet "Le Bonheur en marchant" me revient en mémoire :

« *Il ne fait aucun doute que je suis fatigué. Lassé. Pompé. Vanné. Ereinté. Roué. Crevé. Moulu. Fourbu. Recru. Vidé par mon ascension. Et la question se pose : pourquoi tant de bonheur, au prix de tant de souffrance ?* ». Les mots sont justes : pourquoi tant de bonheur, au prix de tant de souffrance ?

Progressivement, la vue embrasse un immense paysage. Le ciel est dégagé. Un vent violent et glacial souffle de face. Le paysage ressemble à la toundra. Le chemin est étroit et pierreux, et longe un torrent. Au loin, les montagnes enneigées du Snohetta cassent la ligne d'horizon.

Je marche depuis plusieurs kilomètres et aucun bœuf musqué en vue. J'ai beau regarder à droite et à gauche, rien ! Pas la moindre paire de cornes. Parfois, au loin, une forme arrondie me laisse penser que j'entrevois enfin l'animal. Mais tel un mirage, l'espérance est de courte durée : il ne s'agit que d'un simple rocher ! J'ai lu qu'il est possible d'effectuer cette randonnée sans apercevoir un seul bœuf musqué, j'ai bien peur d'être dans ce cas aujourd'hui.

Je commence à désespérer lorsque je vois quatre randonneurs qui mitraillent à tout-va avec leurs puissants appareils photos. Ils me font signe d'approcher. Je gravis un monticule et je distingue en contrebas un troupeau de bœufs musqués composé de trois adultes et de deux petits. J'ai la chance de rencontrer pour la première fois ces géants d'une autre époque. Certains disent que ce sont des rescapés de l'âge de glace, des animaux de la dernière époque glacière qui côtoyaient le mammouth, l'ours des cavernes, ou le rhinocéros laineux. Son nom "bœuf musqué" provient du fait qu'au moment du rut, vers le mois de septembre, les mâles dégagent une odeur très prononcée.

Les photographes sont Tchèques. L'un d'entre eux me prête son appareil photo. Grâce au puissant téléobjectif, il est formidable d'observer d'aussi près les muskus (nom norvégien des bœufs musqués). J'ai vraiment l'impression d'être à leurs côtés. Cela me change de mon petit appareil photo dont le zoom n'est hélas pas assez efficace et a tendance, lorsqu'il est utilisé au maximum, à flouter les photos.

Lorsque les bœufs musqués traversent la rivière et se dirigent vers nous, il nous faut quitter les lieux. D'ailleurs, le jeune homme me raconte que la veille, ils ont eu très peur car ils se sont un peu trop approchés et un mâle a couru vers eux sur quelques dizaines de mètres, certainement pour les intimider. Cette fois-ci, ils détalent très vite (les tchèques). Je reste quelques minutes encore à les observer (les bœufs musqués) puis je m'éloigne tranquillement. Inutile de fanfaronner ! Je ne me vois pas en train de jouer le torero avec ces bêtes qui pèsent parfois plus de 300 kilos.

La chance est avec moi car, quelques centaines de mètres plus loin, j'ai le loisir d'observer à nouveau deux autres bœufs musqués. Ensuite, j'enchaîne une longue marche sans pause jusqu'au refuge de Reinheim. Les paysages sont magnifiques. Je savoure ces moments où, plongé dans ces paysages sauvages, j'ai conscience de vivre des moments inoubliables.

J'arrive à 14h à Reinheim. Le refuge est proche de la montagne Snohetta, la troisième plus haute montagne de Norvège dont le sommet culmine à

2286 mètres. Le refuge se situe à 1350 mètres d'altitude, mais le froid empêche la neige de fondre entièrement, même en juillet. Ainsi de nombreuses plaques de neige étalent leur manteau blanc tout autour du chalet. A l'intérieur du refuge, une douce chaleur règne. Après m'être déchaussé, je croise un type qui semble être le responsable du refuge, du moins joue-t-il ce rôle... C'est bizarre, j'ai lu que ce refuge n'est pas gardé et est en libre service. En tout cas, cette personne est franchement désagréable et nos échanges sont brefs.

Des réserves d'aliments sont mises à disposition en libre achat comme dans tous les refuges non gardés en Norvège. Je peux ainsi me préparer un bon repas pour ce soir et reconstituer mon stock de vivres. Je n'ai aucun paiement à effectuer. Je dois juste remplir un formulaire en laissant mes coordonnées et préciser, en plus de la nuitée, les provisions achetées. Ensuite, un double de la feuille est glissé dans une boîte. Une facture sera envoyée à mon domicile quelques semaines plus tard. Je pourrai la régler par virement ou par carte bancaire. C'est la procédure appliquée dans tous les refuges de montagne en Norvège.

Le refuge se remplit au cours de l'après-midi. De nombreux randonneurs réalisent seulement un trek de quelques jours en passant par le Snohetta. L'itinéraire est équipé d'un réseau dense de cabanes en self-service géré par la *Den Norske Turistforening* (en abrégé : DNT) ce qui peut se traduire en français par *Fédération norvégienne de tourisme*. Tous les refuges sont très bien équipés et approvisionnés (couettes, gaz, conserves...). Les prix sont élevés mais, à moins de faire du camping sauvage, il est difficile d'éviter ces refuges. Les deux derniers randonneurs arrivent vers 18h30. Parmi eux, un français en troisième année de Sciences Po. Il vient de terminer son année d'études en Norvège et profite de son séjour pour faire du tourisme avant son retour en France. Je l'invite à prendre un café. Nous échangeons nos impressions sur la Norvège et ses habitants.

08 juillet - du refuge de Reinheim à Kongsvold

Ce matin, il pleut. Une pluie dense et continue enferme l'horizon dans un manteau gris. J'ai prévu de contourner le Snohetta jusqu'à un pavillon d'observation à l'architecture futuriste : le Tverrfjellhytta, pour profiter pleinement de la vue sur les montagnes du Dovrefjell, à l'abri et au chaud, puis de revenir dormir au refuge de Reinheim.

Hélas, la météo sur internet m'apprend que la pluie va tomber toute la journée. Aucune accalmie n'est en vue. La température extérieure est de zéro degré. Bref, les conditions pour aller gambader sur le Snohetta ne sont pas optimales. Je randonne seul et la sagesse me conseille de ne pas tenter le diable. Je ne connais pas la région et je n'ai pas de carte détaillée pour me réorienter si je m'égare dans le brouillard. Par prudence, je décide d'écourter mon séjour dans le parc de Dovrefjell et de redescendre dans la vallée en prenant le même sentier qu'hier en sens inverse.

Le petit crachin qui tombait lorsque j'ai quitté le refuge se transforme en forte pluie.

Progressivement, le plateau est pris dans une chape de nuages noirs poussés par un vent violent. J'ai beau être bien équipé en vêtements imperméables, l'eau finit par s'infiltrer dans mes chaussures. Avec ces fortes rafales de pluie, il est impossible de rester les pieds au sec.

En chemin, je marque une pause pour observer, une troisième et dernière fois, deux gros bœufs musqués et leurs deux petits. Je suis vraiment chanceux !

Je reviens à Kongsvold au même endroit qu'avant hier : le Kongsvold Mountain Lodge. Je fais la connaissance de deux nouveaux pèlerins : Young-Soon, une randonneuse de 68 ans et Hans-Gunther, un randonneur de 78 ans. Il est incroyable de parcourir ce chemin à leur âge ! Tous les deux sont Allemands. Jürgen vient également de rejoindre ce groupe. Mes deux jours d'escapade à Reinheim lui ont permis de rattraper en bus le retard qu'il avait pris lors d'une halte à Fokstugu.

09 juillet - de Kongsvold à Ryphusan

Ce matin, Jürgen et moi discutons du chemin à prendre. Deux options sont possibles. La première option longe le bas côté de la route E16. Cette route est l'une des plus fréquentées de Norvège. De nombreux camions et camping cars y circulent et le marcheur est sans protection sur environ quatre kilomètres, soit une heure de marche. La deuxième option emprunte un chemin dont le guide écrit par Alison Raju signale qu'il monte et descend continuellement, qu'il est beaucoup plus long et surtout qu'il est extrêmement dangereux par temps pluvieux à cause de sa nature accidentée.

Il n'y a pas d'autre alternative ! En résumé, pour ce passage, les deux chemins s'avèrent périlleux : le randonneur peut se faire renverser par un véhicule ou tomber dans un précipice. Jürgen choisit la première option. J'opte pour la deuxième. Je souhaite rester maître de mon destin contrairement à la première option où un manque d'inattention ou une erreur de conduite d'un chauffard peut coûter la vie au randonneur malchanceux. Lors d'une précédente randonnée, j'ai failli être renversé par une voiture qui doublait un véhicule dans un virage. Je marchais comme il se doit sur le côté gauche de la route ; la voiture complètement déportée sur ma voie est arrivée dans mon dos et m'a littéralement frôlé. J'ai ressenti la peur de ma vie ! Si à ce moment précis j'avais fait un écart, j'allais directement au paradis... enfin, je l'espère, Saint Jacques me doit bien cela !

L'option que j'ai choisie est vraiment "casse gueule" car il a plu toute la nuit. Le chemin est une vraie patinoire. A plusieurs reprises, je glisse ou je trébuche. Déséquilibré par mon sac à dos, je m'étale de tout mon long dans la boue. Parfois, il faut sauter de pierre en pierre pour franchir un large torrent. Ainsi il me faudra deux bonnes heures pour franchir ce passage délicat. Jürgen mettra moitié moins de temps en gardant les pieds au sec. Le comble est atteint lorsque je passe devant un panneau signalant que la zone est susceptible d'abriter des bœufs musqués. Il faut donc redoubler d'attention. Heureusement, aucun muskus ne pointera ses cornes à l'horizon !

Hans Gunther, l'Allemand rencontré la veille au gîte, marche quelques dizaines de mètres derrière moi. Vu son âge et les nombreux obstacles, j'angoisse de le laisser seul sur ce chemin. Il marche en dernière position et serait dans l'impossibilité d'appeler des secours en cas d'accident grave. Aussi, je regarde régulièrement derrière moi pour surveiller sa progression et je fais régulièrement des pauses lorsqu'il disparaît de ma vue. Dans ce genre de situation, il faut absolument rester solidaire et au minimum, en binôme.

Epuisé, j'arrive enfin à l'intersection où la route E16 rejoint le chemin. Le plus dur est passé et le terrain redevient plus régulier avec toutefois deux belles collines à gravir. Je peux maintenant marcher à mon rythme sans me préoccuper de Hans-Gunther. Certes, j'ai admiré de beaux paysages et de belles cascades mais, pour se tordre une cheville ou se casser une jambe, on peut difficilement faire pire du moins en randonnée.

Au point de jonction des deux chemins, un panneau informe le randonneur qu'ici démarre la « route du vieux roi ». Elle traverse la région montagneuse de Filefjell. Il s'agit de la route historique reliant la Norvège d'est en ouest. Plus loin, un panneau indique 1314 mètres d'altitude. C'est le point le plus haut du *Gudbrandsdalsleden,* le chemin que je parcours.

J'arrive au refuge de Ryphusan en milieu d'après-midi. Ce refuge non gardé est caché dans les montagnes de Sør-Trondelag dans la vallée de Vinstra. Ouvert seulement quatre mois par an, il a été construit à l'origine comme une grange de montagne et a ensuite été converti en un simple abri avec une cuisine et une pièce pouvant accueillir 10 personnes. Les refuges de montagne historiques comme celui-ci existent grâce à une confiance et un respect mutuels entre les randonneurs et les propriétaires fonciers.

Le beau temps est de retour mais la température est toujours aussi glaciale, proche de zéro degré. Le soir, nous dormons à quatre dans le refuge. Le chauffage au gaz ne fonctionne pas, il est impossible de se réchauffer. Tant pis, je garderai ma polaire pour dormir. Je paie 200 Nok, soit 21 euros environ, pour un simple matelas posé sur le sol dans une cabane sans chauffage et sans électricité. Il faut aller chercher de l'eau avec un seau dans la rivière située en face de la route. De toute façon, il n'y a rien d'autre aux alentours pour s'abriter, alors certains propriétaires en profitent un peu. Mais quel bonheur : depuis mon départ, je ne me suis jamais senti aussi bien. J'ai trouvé ce que je suis venu chercher : un retour aux sources. Pas de télé, de radio, d'ordinateur. Pas de pseudo pèlerins qui prennent le taxi parce qu'il tombe trois gouttes de pluie, ni de grandes tablées où certains soirs c'est la fiesta (pourtant je ne suis pas le dernier à y participer !). Tout autour de la cabane, il n'y a rien, peut-être une autre hytte à 500 mètres. La nature, rien que la nature ! Aucun pèlerin ne se plaint. Bien au contraire. Chacun est fier d'avoir surmonté les obstacles de ce jour. Il faut être résistant moralement et physiquement pour supporter ce que nous avons vécu aujourd'hui. Beaucoup de respect entre nous et je suis fier d'être le Français au milieu de tous ces teutons.

Malgré le vent et le froid, Young, 68 ans, a choisi de dormir à l'extérieur, à 100 mètres de la cabane sous sa tente très légère (700 grammes). Hans-Gunther, 78 ans, m'impressionne de plus en plus : malgré son âge, il est arrivé peu de temps après moi. Qu'en sera-t-il pour moi dans quelques années ? Jusqu'à quel âge pourrai-je continuer à randonner ?

10 juillet - de Ryphusan à Oppdal

Aujourd'hui, je commence la descente en direction d'Oppdal. Je marche sur une large piste bordée par la rivière Svane. Les fleurs sont abondantes et le temps est plus chaud.

Tout le long du chemin, des brebis paissent, souvent entourées de deux agneaux chacune. Je croise deux randonneurs qui marchent en sens inverse et se dirigent vers Oslo. Je lance un "*Hola*" pour plaisanter au lieu de l'habituel « *Hi* ». Ils me répondent par un "*quetal*", je réponds "*muy buen gracias*" (comment ça va ? Très bien merci). Nous rions. Eux aussi ont certainement marché sur les caminos espagnols.

Plus loin, je m'arrête à la chapelle St Mikael. De construction récente, elle a été bâtie par des volontaires afin d'offrir aux pèlerins un lieu de méditation. Je dépose mon sac à dos et mes bâtons à l'entrée. J'allume les bougies posées sur de grands chandeliers et je m'assieds. Je reste plusieurs minutes à me reposer dans le silence le plus profond et à penser à tous les êtres aimés, vivants ou morts, qui entourent ma vie.

La chapelle domine la vallée et de la grande vitre, je peux apercevoir au loin la ville d'Oppdal et son église. Avant de partir, je laisse un petit mot dans le livre des visiteurs et je profite du tampon disponible pour l'apposer sur ma credencial.

Je rejoins mes compagnons au refuge de Plasstugu où nous décidons de déjeuner ensemble. Plasstugu est une cabane en libre accès tout comme Ryphusan, où les propriétaires demandent une participation laissée à l'appréciation de chacun pour les frais de gaz et de bois, une sorte de « donativo » comme il en existe parfois dans les albergues en Espagne et au Portugal. L'intérieur est propre et confortable mais sans provision. Ce n'est pas la première cabane isolée et en libre accès dans laquelle j'entre par curiosité. L'endroit est paisible et en pleine nature. J'éprouve des regrets de ne pas y passer la nuit.

Je marche avec Young et Hans-Gunther. Nous traversons des prairies en fleurs où le chemin est à peine marqué. Parfois, l'herbe nous arrive jusqu'à la taille. L'avancée est lente. Je mesure la chance qui m'est donnée de vivre de tels moments. Quel bonheur de randonner au milieu de cette nature sauvage et colorée ! Cette journée sera l'occasion pour moi de prendre deux photos que j'affectionne plus particulièrement. On y voit Young et Hans-Gunther traverser un champ de fleurs et d'herbes hautes à flanc de colline.

Dans une clairière ensoleillée, assis sur un tronc d'arbre, je me repose, laissant les minutes s'écouler tranquillement. J'ai tout mon temps car j'ai réservé une hytte la veille. Je ressens soudainement une légère morsure à la main. Je constate, étonné, qu'un minuscule insecte est à l'origine de cette « attaque ». Nul doute possible, il s'agit d'un puceron mordeur. J'ignorais avant de lire le routard que certains pucerons pouvaient mordre, maintenant j'en ai la preuve. Un petit soufflet sur ma main suffit à évacuer l'insecte sans le tuer.

Après dix jours de marche en milieu sauvage, je retourne à la civilisation : j'arrive à Oppdal, une petite station de sports d'hiver. Je me rends au camping où je croise Hans-Gunther qui vient d'arriver. Nous convenons de loger ensemble dans ma hytte afin d'en partager le coût. Nous partons ensuite nous réapprovisionner dans un supermarché. Il était temps, nous étions à court de vivres.

La météo des prochains jours est très mauvaise. De fortes pluies sont attendues dès demain. Je décide de m'accorder une journée de repos en restant à Oppdal. Finalement, mon séjour écourté dans le parc de Dovrefjell et certaines étapes plus longues par rapport à celles planifiées m'ont permis de gagner quatre jours sur mon programme. J'ai déjà acheté mon billet d'avion non échangeable pour mon retour en France, par conséquent je dois revoir mes prochaines étapes et raccourcir certaines d'entre elles.

Je ne reverrai plus Hans-Gunther qu'au travers de ses messages laissés sur les livres d'or, mais je retrouverai Young à Trondheim.

11 juillet - journée de repos à Oppdal

Cette journée est consacrée à de courtes balades en ville. Je profite de mon temps libre et de la Wi-Fi du camping pour mettre à jour ma page Facebook.

Une recherche sur Wikipédia m'en apprend un peu plus sur cette ville : avec l'arrivée du christianisme, cinq églises et chapelles ont été construites sur la commune. Oppdal servait déjà de ville-étape sur le pèlerinage menant à la cathédrale saint Olav de Trondheim.

Oppdal a été durement touchée pendant l'épidémie de peste noire de 1349 et de nombreuses exploitations agricoles ont dû fermer. Enfin, en 1742, une terrible famine a fait des ravages dans la population. Durant les années 1800, la hausse de la natalité et la baisse de la mortalité ont naturellement conduit à un fort accroissement de la population. L'agriculture ne pouvait cependant plus répondre aux attentes de la population qui a en partie émigré aux États-Unis. Durant la seule décennie de 1880, 9% de la population norvégienne se sont installés aux USA.

L'année 1952 voit l'ouverture du premier remonte-pente qui va amener la commune à devenir l'une des plus importantes stations de ski de Norvège.

Afin de ne pas rester inactif l'après-midi, je visite le site de Vang où des fouilles archéologiques ont révélé le deuxième plus grand site funéraire de Scandinavie de l'ère préchrétienne.

Il s'agit d'un lieu de sépulture commun pour vingt à quarante fermes sur une période de sept siècles ou plus, et qui contient environ 800 tumulus. Chaque ferme avait sa propre zone du site pour enterrer ses morts. Des panneaux d'informations détaillent les résultats des recherches archéologiques.

En plus des tumuli (pluriel de tumulus), on a découvert des tombes sous terre, datant sans doute de deux siècles avant J.C. Les morts étaient brûlés sur des bûchers avant d'être enterrés. Certains restes de bûchers ont été trouvés dans les tombes : cendres, morceaux d'os brûlés, et objets métalliques. Des armes telles que épées, javelots, haches, étaient parfois placées dans les caveaux des hommes ; des bijoux (broches de bronze, perles de toutes sortes de couleurs) à l'intérieur des caveaux des femmes.

XIV

Les Vikings et la mort

Chez les Vikings, il y a deux chemins qu'une personne peut prendre à sa mort : le Valhalla, la demeure d'Odin, pour les guerriers morts au combat et la forteresse de Hel, la fille de Loki, pour tous les autres. Cette dernière se situe dans un monde souterrain et les croyances populaires la placent au bout d'un long chemin traversé de rivières et d'océans.

Selon la mythologie scandinave, la mort n'était pas un évènement à craindre mais à attendre avec enthousiasme. Les vikings croyaient que la vie ne s'achevait pas avec la mort, mais qu'elle continuait dans une existence différente. La famille avait le devoir de fournir au défunt ses biens favoris pour qu'il les utilise dans l'au-delà. Pensant que son corps ne resterait pas longtemps dans la tombe, les vikings habillaient le défunt de ses plus riches vêtements, en prévision du grand voyage.

Le patrimoine de la Scandinavie comporte de nombreux tumuli construits en l'honneur de rois et chefs vikings, ainsi que des pierres runiques et autres mémoriaux.

Pour les chefs ou les grands guerriers, le rite impliquait l'utilisation de bateau-tombe : le défunt était placé dans un véritable bateau ou dans un bateau de pierre, accompagné de dépôts funéraires, voire d'esclaves sacrifiés, en accord avec son statut. L'ensemble était ensuite recouvert de terre et de pierres afin de créer un tumulus.

La coutume était de laisser du mobilier funéraire avec le défunt, qu'il soit un homme ou une femme. Un homme viking pouvait être enterré avec un aimé, ou avec un « *thrall* » (serviteur). Le rite devait être suivi correctement afin que le défunt retrouve dans l'au-delà le statut qu'il avait de son vivant, et que son fantôme n'erre pas éternellement sur terre.

Une tombe habituelle pour un esclave n'était rien d'autre qu'un trou creusé dans le sol. Il y était probablement enterré pour qu'il ne hante pas ses maîtres, mais également pour qu'il puisse les servir une fois mort. Des esclaves étaient parfois sacrifiés pour servir à nouveau dans l'au-delà.

Un homme libre était souvent enterré avec ses armes. Un artisan, comme un forgeron, pouvait être enterré avec l'ensemble de ses outils, les femmes avec leurs bijoux et souvent avec leurs ustensiles domestiques. Parmi les tombes découvertes, l'une des plus somptueuses est le bateau d'Oseberg qui a servi intégralement de sarcophage pour une femme, probablement une reine ou une prêtresse ayant vécu au IXe siècle.

Les funérailles vikings pouvaient représenter une dépense très élevée, toutefois la construction d'un tumulus et les dépôts funéraires n'étaient pas considérés comme superflus. En plus de servir à honorer le défunt, le tumulus était un monument attestant de la position sociale de ses descendants. Les clans vikings pouvaient faire valoir leur puissance grâce à leurs nécropoles monumentales. Par exemple, le cimetière de Borre dans le comté de Vestfold en Norvège est associé à la dynastie royale des Ynglingar (dynastie royale suédoise légendaire du Moyen Âge à laquelle appartient également le premier roi de Norvège Harald à la Belle Chevelure) et présente de larges tumuli recouvrant des bateaux de pierre.

À Jelling, au Danemark, on trouve le plus grand mémorial funéraire viking construit par Harald à la dent bleue en l'honneur de ses parents et de lui-même. Un seul des deux tumuli contient une chambre, mais avec les deux pierres de Jelling et l'église, ils attestent de l'importance du rituel funéraire pendant l'ère païenne et aux premiers temps après la christianisation.

D'autres vastes nécropoles en Scandinavie ont été utilisées par toute une communauté : à Birka en Suède, à Hedeby au Danemark, ainsi qu'à Lindholm Høje toujours au Danemark.
Les tombes de Lindholm Høje présentent une grande variation de tailles et de formes. On y trouve des bateaux de pierre et des tombes alternativement

triangulaires, quadrangulaires et circulaires. De telles nécropoles étaient utilisées par plusieurs générations et étaient rattachées à des villages entiers.

XV

D'oppdal à Trondheim

12 juillet - d'Oppdal à Rennebu (Langklopp Fjellgard)

Sous un ciel couvert de lourds nuages, une petite pluie glacée m'accompagne durant toute cette journée. Pourtant, la marche de 22 kilomètres n'est pas désagréable ; elle longe une petite route de campagne, puis une grande allée sablée. Sur le sol, des escargots tentent une traversée hasardeuse. J'en sauve certains en les déplaçant délicatement sur le bas côté mais je ne peux les sauver tous. Parfois, par inadvertance, j'en écrase un. Les jours de pluie, les escargots se prennent pour Gene Kelly. Ils vont, inconscients du danger, « *singing in the rain* » le long des routes.

La veille, j'ai réservé un lit dans un centre équestre (*Langklopp Mountain Farm*). Ce centre reçoit également les randonneurs. L'accueil est excellent. Ce sont les vacances scolaires et une colonie de jeunes adolescents est présente. Pour plus de tranquillité, les pèlerins sont logés à l'écart dans une autre maison. Un groupe de quatre marcheurs arrive un peu plus tard : Dieter, Erwin et Olaf sont Allemands, Gérard est Hollandais. Ils marchent ensemble depuis Lillehammer. Nous faisons connaissance. Dieter est un grand bavard, il parle assez bien le français et est tout content de s'exprimer dans ma langue. Fier de son savoir, il me déballe l'étendue de ses connaissances sur la culture française. Tout y passe : Molière, Jean de la Fontaine, Baudelaire, Alain Delon, Jean-Paul Belmondo... Il ira même jusqu'à me réciter quelques vers du « Corbeau et le Renard » de Jean de la Fontaine. Mais Dieter a une passion : il admire Jacques Tati[26]. Il est vraiment fan de ce réalisateur !

D'ailleurs, cet après-midi, Dieter s'est mis en tête de divertir ses amis randonneurs : il sort une tablette de son sac à dos et leur montre le film « *Les vacances de Monsieur Hulot* », un film franchouillard, vieillot et en noir et blanc. Je m'amuse de voir la tête de ses compagnons de marche. Ils sont apparemment peu enthousiastes à l'idée de passer l'après-midi devant l'écran de la tablette, mais ils font l'effort de regarder le début du film.

La situation que je vis à ce moment précis est incroyable : je suis assis dans un salon au fin fond de la Norvège en train d'observer, ébahi, les rires partagés de trois Allemands et un Hollandais devant le film « *Die Ferien des Monsieur Hulot* » (*les vacances de Monsieur Hulot*). J'ai déjà vécu de drôles de situations lors de mes précédentes randonnées, mais jamais dans un contexte aussi déphasé.

Le dîner préparé par la maîtresse des lieux est excellent et copieux. En soirée, un magnifique arc en ciel couronnera les bâtiments du centre équestre. En ce qui me concerne, nul doute, Langklopp Moutain Farm est une des meilleures adresses du chemin.

13 juillet - de Rennebu (Langklopp Fjellgard) à Rennebu (Meslo farm)

Je marche le long de la très belle rivière Orkla, réputée pour la pêche au saumon. Les Norvégiens sont de grands amateurs de pêche, comme en témoignent les nombreuses tentes et les camping-cars installés tout le long de la rive.

Justement, je passe non loin d'un endroit où deux hommes pêchent avec de l'eau jusqu'aux hanches. Le cadre est bucolique et me rappelle le film « *Et au milieu coule une rivière* » dont l'histoire raconte la vie de deux frères, Norman et Paul Maclean, élevés au début du siècle sous le signe de la religion presbytérienne et de la pêche à la mouche.

Je décide de faire une pause. La rivière est large et bordée d'arbres, ce qui me permet d'observer les deux pêcheurs sans les déranger. Avec leurs cannes, ils fouettent l'air d'avant en arrière en un élégant mouvement. Les cannes sifflent au-dessus de leurs têtes. Ils posent délicatement la mouche artificielle à la bonne distance et à l'endroit désiré. Je n'aurai pas l'occasion d'assister à la prise d'un poisson avant de reprendre ma marche, mais je peux assurer que ces moments valent tous les anxiolytiques du monde.

Plus loin, un groupe de trois pèlerines me double. J'échange un rapide « Hello » avec elles. J'ignore que plus tard, nous sympathiserons et marcherons ensemble jusqu'à Nidaros.

Je poursuis ma route sans presser le pas. Malgré les menaces de pluie et le froid, le temps est idéal et je savoure cette tranquille solitude en longeant la rivière Orkla. J'ai téléphoné la veille au propriétaire pour réserver un lit, je ne suis donc pas préoccupé par mon couchage de cette nuit. J'arrive à la ferme de Meslo, terme de mon étape. Jürgen est assis sur le seuil d'une hytte. Il reste un lit de libre, j'entre et j'installe mes affaires. L'autre hytte est occupée par le groupe des quatre marcheurs « admirateurs » de Jacques Tati.

Au cours de l'après-midi, le propriétaire arrive afin d'encaisser les loyers et appliquer un tampon sur nos passeports. Il nous apporte un gâteau et du café. Ce n'est pas la première fois depuis mon départ que les propriétaires nous témoignent de telles marques de gentillesse.

14 juillet – de Rennebu (Meslo farm) à Rennebu (Ry Gard)

Je marche lentement aujourd'hui. Il faut dire que l'étape du jour ne fait que 12 kilomètres, alors je traîne. Tout est prétexte à retarder mon arrivée au gîte et, lorsqu'une jeune fille vient à ma rencontre et me demande si je souhaite venir prendre un café au centre d'accueil des pèlerins de Rennebu, j'accepte avec empressement. J'espère que cette pause va m'occuper une partie de la matinée. A vrai dire, je n'avais pas remarqué le panneau « *informasjon* » suspendu sur la façade à côté du symbole du chemin de Saint-Olav.

Le centre d'accueil des pèlerins est original. Il se situe dans une ancienne ferme transformée en musée municipal par les habitants du village dans le but de sauvegarder leur patrimoine.

Grâce à un don, un bazar-mercerie-épicerie typique du XIXème siècle a été recréé. C'est dans ce cadre un peu fourre-tout que me reçoit la personne venue à ma rencontre sur le sentier. Le pèlerin est rare, il serait dommage de le laisser passer son chemin sans l'interpeller. Elle m'offre un café et des gâteaux, puis note consciencieusement mon identité. Lorsque je lui dis que je suis Français, elle me raconte son récent séjour à Paris, elle a beaucoup apprécié la visite de la capitale. Un peu plus tard, elle s'absente quelques minutes pour intercepter un autre pèlerin. Il s'agit de Mathias, un randonneur allemand dont j'ai fait la connaissance hier à Meslo farm. Mathias effectue un reportage sur le chemin mais je n'en saurai pas plus. Ensuite, la jeune

Norvégienne nous emmène visiter l'église de Rennebu. Les explications données par la jeune fille sont très détaillées. En sortant, je lui demande de me photographier devant la borne des 101 kilomètres.

Mon arrêt au centre d'accueil de Rennebu a duré deux bonnes heures. J'ai beaucoup aimé ces moments de convivialité et d'échanges. Une fois de plus, j'ai bénéficié d'un très bon accueil.

Je reprends tranquillement ma route. Après plusieurs kilomètres, mon chemin prend fin dans la cour d'une ferme ; je me rends compte de toute évidence que je me suis égaré ! L'étape étant courte, j'ai manqué d'attention et j'ai raté un embranchement du chemin.

Un Norvégien répare le moteur de son tracteur dans un hangar. Je lui demande où se trouve le chemin de St Olav. Son sourire me laisse penser que je ne suis pas le premier randonneur à m'aventurer dans sa ferme. Ses explications sont claires : si je ne souhaite pas faire demi-tour, je dois couper à travers champs. Il me montre alors le chemin situé tout en haut du coteau. Comme tout marcheur, je n'aime pas revenir sur mes pas, je choisis donc de monter le raidillon à flanc de colline. Pas très rassuré, je marche au milieu d'un troupeau de vaches. Un énorme taureau me suit placidement des yeux sans dénier bouger son impressionnante masse musculaire. Arrivé au sommet, je retrouve facilement les marques. Essoufflé mais soulagé, me voici à nouveau dans la bonne direction.

J'arrive à Ry Gard où j'ai réservé une nuit dans une cabane. Ry Gard est une ancienne ferme dont l'histoire remonte aux années 1600. Initialement, je n'avais pas prévu de m'y arrêter mais la réorganisation de mes étapes m'a fait choisir ce lieu pour y passer la nuit.

Comme toutes les fermes norvégiennes, Ry Gard comprend plusieurs bâtiments. Je me dirige vers la maison principale et j'entre dans une grande pièce où des hommes discutent autour d'une bière. Au vu des grandes cuissardes qu'ils portent, je devine qu'ils sont pêcheurs. Un homme vient se présenter. Il est guide de pêche et m'explique que sa femme reçoit habituellement les randonneurs ; elle est absente aujourd'hui, c'est donc lui qui me fera visiter le logis. Même s'il est aimable, il semble s'acquitter de cette tâche comme d'une corvée. Il me montre rapidement la hytte où je dois dormir, puis la cuisine dans une roulotte située à vingt mètres, puis les WC dans une autre bâtisse à cinquante mètres et enfin la douche qui elle, se trouve dans un autre bâtiment. Une fois les explications terminées, il s'empresse de repartir auprès de ses compagnons de pêche.

La hytte est trouée de part et d'autre entre le toit et les murs, mais aussi entre les jonctions des troncs d'arbre qui font office de murs. Le vent polaire s'engouffre à l'intérieur et la température est glaciale. Il n'y a aucune isolation.

Je suis déçu car mon passeport n'aura pas de tampon aujourd'hui. La propriétaire n'en dispose pas, ce qui est regrettable. Pourtant, les souvenirs installés à l'entrée et à l'intérieur de la cabane témoignent de son pèlerinage à Compostelle.

Je dépose mon sac à dos à l'étage, déballe mes affaires et pars rapidement me doucher. Je passe tout l'après-midi dans les trois mètres carrés de la roulotte où j'allume les plaques électriques pour dégager un peu de chaleur. Malgré le froid, je retrouve en ce lieu les ondes positives de la solitude : le calme, le silence et l'indépendance. Je suis loin de me douter que la suite de la journée ne va pas se dérouler comme je l'imagine.

Vers 19h00, je prépare mon dîner lorsqu'une jeune femme frappe à la porte de la roulotte. Elle s'appelle Katherina, est pèlerine et vient de parcourir, après s'être égarée, une grande étape de plus de 40 kilomètres. Elle a frappé à la porte de la maison du propriétaire mais personne n'a répondu. Je ne suis pas étonné car j'ai aperçu le maître des lieux partir taquiner le saumon avec ses amis. Elle est frigorifiée. Je l'invite à partager mon repas mais elle préfère prendre sa douche sans attendre. Je lui montre le bâtiment puis je retourne vite me réchauffer dans la roulotte. A son retour, nous dînons en partageant nos réserves de nourriture et faisons connaissance.

Katherina habite Cologne. Elle a démarré sa randonnée à Lillehammer et a l'habitude de parcourir de longues étapes. J'ai un tantinet honte de mes étapes, plutôt courtes actuellement. Je me justifie en expliquant mon avance sur mes prévisions d'arrivée à Trondheim. Katherina est en vacances actuellement mais doit être de retour en Allemagne dans cinq jours.

Après le dîner, nous regagnons la hytte où la température ambiante est certainement proche de zéro degré. De la buée s'échappe de nos bouches lorsque nous parlons. Deux lits de deux places chacun sont disponibles : l'un au rez-de-chaussée et l'autre à l'étage où j'ai déjà disposé mes affaires. Katherina s'installe dans le lit au rez-de-chaussée. Je m'aperçois qu'elle tremble ; je lui souhaite quand même une bonne nuit et monte me coucher.

Je ne parviens pas à trouver le sommeil. La marche d'aujourd'hui a été courte et cool mais cela n'explique pas tout... Serais-je perturbé par la présence de Katherina ? Brune aux yeux verts, mince, plus jeune que moi, je la trouve très séduisante. Les regards et les sourires échangés en soirée m'ont troublé. J'allume la lumière. A défaut de livre, je saisis mon appareil photo posé sur la table de nuit et je fais défiler les photos prises depuis mon départ. Peut-être cela me fera-t-il plonger dans les bras de Morphée ? Mais de Morphée, nulle apparition, plutôt Katherina qui m'appelle. Un grand trou situé entre deux rondins de bois laisse passer un courant d'air glacial juste au-dessus de sa tête. Elle me demande si elle peut déplacer son matelas à l'étage. Ma réponse est bien sûr positive. Je l'aide à monter son matelas et à l'installer à côté de mon lit. Soulagée et bien emmitouflée dans son duvet recouvert de deux couvertures, elle s'endort rapidement. Je reste encore un long moment éveillé puis je sombre à mon tour dans les délices d'un sommeil profond.

15 juillet - de Rennebu (Ry Gard) à Jerpstad

Katherina s'est levée à l'aube. Elle doit parcourir une grande étape aujourd'hui. J'aurais souhaité marcher quelques jours avec elle, mais nos calendriers respectifs ne concordent pas. Katherina a son avion de retour dans cinq jours, le mien est dans huit jours. Nous avons échangé nos adresses mail en promettant de garder le contact, notamment sur Facebook. Après une bise d'adieu, je la regarde s'éloigner d'un pas rapide. Son départ me rend quelque peu nostalgique.

La marche d'aujourd'hui doit me conduire au gîte de Segard Hoel distant seulement d'une dizaine de kilomètres. J'ai donc tout mon temps et ce n'est qu'à 9h30 que je quitte Ry Gard. Je passe au préalable à la maison des propriétaires pour signaler mon départ, mais personne ne répond. L'homme doit être reparti à la pêche.

Je marche lentement pour ne pas arriver trop tôt. La randonnée se déroule sans problème en suivant toujours la rivière Orkla. Je croise à nouveau beaucoup de pêcheurs tout le long de la rive. J'arrive à Segard Hoel à midi. Les propriétaires sont absents mais le gîte est ouvert. Je m'installe dans une des deux maisons mises à la disposition des randonneurs. Un père et sa fille, originaires des

Pays-Bas, sont déjà installés. Ils ne marchent pas mais visitent la région en voiture. Nous occupons donc le gîte à trois. L'autre maison est occupée par Anita et Vanessa, deux Allemandes et Sarah, une Hollandaise. J'ai déjà fait leur connaissance : ce sont les trois pèlerines rencontrées le 13 juillet sur le chemin.

Une fois ma douche prise et mes vêtements du jour étendus au soleil, je téléphone à la propriétaire pour lui demander où se situe le supermarché. Le plus proche est à 3 kilomètres. Grâce à ses indications, je me dirige vers le commerce en suivant une petite route. Peu de temps après mon départ, une femme au volant d'une voiture s'arrête à ma hauteur et me demande avec un grand sourire si je souhaite monter avec elle. Je n'ai pas fait de stop et je trouve les Norvégiennes bien entreprenantes. S'agit-il là encore d'un plan drague ? Mes illusions sont de courte durée : il s'agit de la propriétaire en personne. De sa maison, elle m'a vu partir et est venue gentiment à ma rencontre pour me déposer au supermarché. C'est sympathique et j'accepte. Elle souhaite également m'attendre pour me raccompagner au gîte mais je sais que le choix des aliments me prendra un certain temps car, comme tout latin qui se respecte, j'ai une conception différente de la préparation des repas en comparaison des habitudes et goûts culinaires des Norvégiens. Je ne souhaite pas lui faire perdre son temps. Je la remercie et lui explique que je rentrerai à pied. Je n'ai pas beaucoup marché aujourd'hui et le retour le long d'une petite route de campagne sera tranquille et agréable.

16 juillet - de Jerpstad à Lokken Verk

A 8h, mon sac est bouclé et après une bonne nuit, je quitte le gîte de Segard Hoel par une petite route qui devient rapidement un sentier longeant une belle forêt de sapins. J'arrive au village de Meldal où je découvre un musée en plein air composé d'une vingtaine d'anciennes habitations typiques de la région. Ce bel ensemble a été constitué à partir de 1931 par la municipalité grâce au rachat d'une collection privée. Toutes les maisons proviennent des alentours de Meldal. Les intérieurs présentent le mode et les conditions de vie des paysans norvégiens entre le VIIème siècle et la Première Guerre mondiale.

Nous sommes dimanche et tous les commerces sont fermés. Heureusement, j'ai reconstitué mon stock de vivres pour les deux ou trois prochains jours. C'est l'un des inconvénients de ce chemin : il est recommandé de prévoir des réserves de nourriture pour au moins deux jours, ce qui alourdit d'autant le sac à dos.

Je quitte la route et j'emprunte un chemin boueux. Mes pieds sont à nouveau trempés et je suis soulagé lorsque j'arrive en milieu d'après-midi au gîte de Skogheim. Je retrouve les trois pèlerines d'hier ; elles sont déjà installées. Elles attendaient mon arrivée et m'ont gentiment laissé une chambre pour moi tout seul. Sarah dort dans la pièce commune, Anita et Vanessa dans la deuxième chambre.

La maison pour les pèlerins est très bien équipée et nous disposons de tout le nécessaire pour cuisiner. L'après-midi se passe au calme. Chacun se repose et écoute une musique relaxante diffusée à partir de mon téléphone. Nous discutons tranquillement des étapes précédentes en buvant un thé chaud. L'ambiance est très « cocooning », c'est l'avantage de randonner avec des femmes. J'apprécie cette atmosphère douce et apaisante.

Comme dans beaucoup de gîtes norvégiens, un séchoir spécifique pour les chaussures est à la disposition des randonneurs. Mes chaussures ont souvent été imbibées d'eau mais, grâce à ces appareils soufflant de l'air chaud, j'ai toujours eu les pieds au sec pour repartir le lendemain.

17 juillet - de Lokken Verk à Gumdal Gard

Peu de temps après le départ, le chemin quitte la rivière Orkla et continue jusqu'à Lokken Verk. La borne devant laquelle je fais une pause pour prendre quelques photos indique que la ville de Trondheim est maintenant toute proche, il me reste 61 kilomètres à parcourir. Plus loin, je m'arrête devant une statue de mineur rappelant l'extraction du cuivre ici même. La mine fut exploitée à partir de 1654 et ne ferma qu'en 1987. Un musée dans la ville consacre à ce passé la place historique qu'il mérite.

J'arrive le premier à la ferme de Gumdal, terme de mon étape du jour. Cette bâtisse a été mentionnée pour la première fois dans les dossiers fiscaux en 1600 et a été reconnue comme auberge de pèlerinage depuis 1794. En 1814, les élections pour le premier *Stortinget* ont eu lieu dans cette ferme (*Stortinget* signifie la grande assemblée). Le *Stortinget* exerce encore de nos jours le pouvoir législatif et le contrôle de l'action gouvernementale. Cette grande assemblée siège désormais à Oslo et est restée l'unique chambre du parlement norvégien. Elle ne peut être dissoute. Elle est composée de 169 membres élus pour un mandat de quatre ans.

Anita et Vanessa arrivent plus tard à tour de rôle. Sarah dort 2 kilomètres plus loin. Une troisième Allemande que je ne connais pas, Lisa, arrive bien après. Je laisse les chambres aux filles et je choisis le lit installé dans le couloir en compensation de leur gentillesse d'hier. Au moins mes ronflements ne les dérangeront pas !

J'échange quelques mots avec le propriétaire venu encaisser le prix de la nuit et tamponner notre passeport de pèlerin. Il me dit que je suis le premier Français qu'il reçoit. D'autres avant lui m'avaient déjà fait cette remarque.

18 juillet - de Gumdal Gard à Skaun kirke

Je m'attendais à une marche très difficile, je n'ai pas été déçu ! Pendant quatre heures, je traverse une zone marécageuse sous la pluie. Je n'ai pas d'autre alternative que d'emprunter ce chemin. Les jours précédents, j'ai souvent franchi des marécages sur de courts passages en marchant sur des planches posées sur le sol détrempé. Cela ne sera pas le cas aujourd'hui : la marche de plusieurs kilomètres au milieu des marais ne permet pas d'aménager le chemin. Mes chaussures s'enfoncent parfois entièrement dans l'eau ou dans la boue. La marche est donc très lente et laborieuse.

Dans une forêt de sapins, je m'égare. Je débouche dans une clairière, mais aucun panneau ne signale le chemin. J'avance en pataugeant dans l'eau. Pour la première fois, je ressens un profond découragement. Bientôt, une rivière barre le passage. En lisant mon guide, je m'aperçois que je dois impérativement la franchir et passer sur l'autre rive mais où ? Je la longe pendant plusieurs centaines de mètres sans succès, je ne vois aucun passage ni pont. La lassitude me gagne, j'aimerais faire une pause mais il est impossible de s'arrêter au milieu des marécages. J'avance encore quand soudain j'aperçois au loin une silhouette sortir du bois, c'est Vanessa qui arrive à point nommé pour me remettre sur le bon chemin. J'éprouve un profond soulagement car j'envisageais de faire demi-tour jusqu'à la dernière marque, soit plus d'une heure de marche dans des conditions très pénibles.

J'arrive à Husaby, une ancienne ferme située sur la municipalité de Skaun et dont il ne reste que peu de traces des bâtiments d'origine. Pourtant, Husaby a accueilli des résidents célèbres à la fois réels et fictifs : le chef viking Einarr Thambarskjelve ou Einarr Secoue-Panse[27] y habitait. On raconte qu'il utilisait les pierres taillées et érigées à l'emplacement de certaines tombes scandinaves pour attacher ses bateaux. Husaby est également connue pour son festival culturel *Kristen Lavransdatter* qui a lieu chaque année au mois d'Août. Kristin Lavransdatter, personnage fictif emblématique de la littérature norvégienne, vivait à la ferme d'Husaby avec son mari Erlend. J'ai déjà eu l'occasion de contempler sa statue le 2 juillet devant l'église de Nord-Sel[20].

J'arrive à l'hébergement situé à proximité de l'église de Skaun. Il s'agit d'une grande salle paroissiale. Les matelas sont posés à même le sol. Par chance, plusieurs séchoirs à chaussures sont mis à notre disposition. Nous sommes sept pèlerins : cinq Allemands, une Hollandaise et moi.

A 19h, le responsable du gîte arrive pour encaisser le loyer. Il nous apporte un énorme gâteau au chocolat préparé par son épouse. Nous en mangerons plusieurs parts au dîner et au petit déjeuner. Les Norvégiens font tout leur possible pour que le chemin soit agréable. Il est clair qu'ils souhaitent laisser une image positive de leur pays et plus particulièrement de ce chemin.

Il nous propose de visiter l'église. Celle-ci date du moyen-âge. Elle a probablement été construite vers les années 1180 et a été restaurée en 1930. La pièce maîtresse de ces lieux attire immédiatement mon regard : un magnifique coffre datant des années 1200 où sont peintes diverses scènes liées à la naissance de Jésus. Ce coffre est actuellement utilisé comme autel, il mériterait de figurer dans un grand musée.

19 juillet - de Skaun kirke à Leinstrand (Sundet gard)

La marche d'aujourd'hui commence par une belle et longue traversée d'une forêt de feuillus. Je longe ensuite la rivière Gaula. Le tracé du chemin passe curieusement par l'intérieur d'un camping (Oysand Camping) et quelle n'est pas ma surprise lorsque je croise dans l'allée principale, Béatrice et Toby, le couple d'anglais qui se rend à Trondheim en tirant une lourde pierre. Je les ai rencontrés la dernière fois en mauvaise posture avec un chariot branlant qu'ils devaient faire réparer avant de repartir. Depuis, ils ont pris un bus pour rattraper leur retard et passent maintenant quelques jours de vacances dans ce camping avant de repartir pour Trondheim.

Nous discutons tranquillement, très vite rejoints par les filles qui sont maintenant au nombre de cinq. En effet Claudia, encore une jeune Allemande, s'est jointe au groupe. Certaines ont déjà entendu parler de cette pierre mais aucune ne l'a vue. Nous allons donc tous ensemble y jeter un coup d'œil. A nouveau, les deux Anglais répondent gentiment aux questions des filles. Ensuite, nous allons déguster une glace au bar du camping. L'ambiance du groupe est cordiale. Souvent, mes compagnes de marche s'excuseront de converser entre elles en allemand car elles savent que je ne comprends pas cette langue.

Pour arriver à Trondheim, le pèlerin doit franchir la rivière Gaula. Il peut choisir de marcher jusqu'au pont enjambant la rivière via un long détour, ou prendre le bateau. Aucune halte n'est possible si la traversée se fait à pied, ce qui promet une longue étape. Mais d'autres contraintes sont à prévoir avec la deuxième option : l'obligation de téléphoner au propriétaire de l'auberge de Sundet, située sur la rive opposée, afin qu'il récupère le pèlerin en barque et lui fasse traverser la rivière. Ce service est payant mais permet d'économiser plusieurs kilomètres. Le pèlerin doit également passer la nuit dans le gîte du « passeur ».

Nous choisissons tous la traversée en barque. Ne pouvant transporter six pèlerins en une seule fois, l'homme fait deux allers-retours à la rame en luttant contre un courant descendant.

La toute première ferme construite à Sundet date probablement des années 1300. Ce fut un lieu de traversée et une ferme d'hôtes pendant des centaines d'années. En 1275, le roi Magnus VI, surnommé « *le législateur* », dicta de nouvelles lois pour la Norvège. Une des lois édictait : « *Quand la route de campagne traverse une rivière, la ferme la plus proche doit fournir un bateau et engager un passeur. Les passagers paieront la traversée* ». Ce lieu servait donc déjà au Moyen Âge de point de passage pour traverser la rivière Gaula, seul endroit possible pour se rendre à Nidaros avant qu'un pont ne soit construit en 1860.

Grâce au renouveau du pèlerinage de Saint-Olav, les propriétaires actuels ont repris la vieille tradition du transport et de l'accueil des pèlerins.

Claudia et Lisa dorment dans une hytte à proximité du logement principal car elles n'ont pas choisi la formule incluant le repas. Anita, Vanessa, Sarah et moi sommes installés à l'étage, dans une maison datant des années 1700 qui offre une atmosphère chaleureuse. Chaque pèlerin dispose d'une alcôve dotée d'un grand lit.

A l'intérieur de l'auberge, une photo montre les propriétaires posant fièrement devant leur maison. Ils portent le costume traditionnel de Norvège : le bunad. Relativement récent (il date du XIXème siècle), ce costume symbolise l'identité nationale et culturelle du pays. Chaque région possède un bunad avec ses particularités. Ainsi, le bunad d'Oslo est très différent du bunad de la région de Bergen. Il existe des dizaines de variantes locales. Il se compose d'un chemisier blanc, d'un foulard et d'une veste de laine sur une longue jupe avec un tablier pour les femmes, et d'une chemise, d'une veste sur un pantalon court avec des chaussettes hautes pour les hommes. Il peut être accompagné de plusieurs accessoires tels que des broderies, des bijoux, une ceinture, un sac, des rubans, un foulard, un gilet...

Les Norvégiens aiment porter ce costume national lors des grandes occasions comme les fêtes ou les cérémonies familiales. L'importance encore accordée à cet habit de fête est unique dans cette partie du monde : 60% des femmes en Norvège possèdent un bunad !

Le dîner du soir compris dans le forfait est vraiment médiocre. A nouveau, on me sert le « *Sodd* », le fameux plat typique de la Norvège, et un dessert qui lui par contre est excellent. Les Norvégiens semblent plus doués pour le sucré que pour le salé !

20 juillet - de Leinstrand à Trondheim

C'est fini ou presque. Ultime étape, derniers préparatifs du sac à dos et beaucoup de vague à l'âme. Un poète a probablement dit un jour « *Arriver, c'est mourir un peu* ». Dans l'odeur de la fin, je regarde avec mélancolie les couleurs matinales de cette dernière étape. Bientôt, j'oublierai les kilomètres, la pluie, le froid... Pourtant une tristesse incompréhensible emplit mon âme à l'idée que mon périple se termine aujourd'hui. Le chemin est une excellente métaphore de la vie, il va jusqu'au bout, il n'y a rien à faire d'autre. Au moment où il prend fin, on se dit : « comme c'était bien ! ».

Pour ce dernier jour, un beau soleil m'accompagne. Au début, je marche seul. Je traverse à nouveau quelques marécages mais cette fois-ci, des planches ont été installées aux endroits les plus humides, ce qui m'évite d'arriver les pieds complètement trempés comme c'était le cas hier.

C'est avec les cinq filles que je vais terminer mon chemin. Le destin l'a décidé et finalement, c'est bien car elles sont vraiment sympathiques. Une dernière surprise nous attend en arrivant en haut d'une colline qui domine Trondheim : nous sommes filmés et interviewés par une équipe de la télévision norvégienne qui effectue un reportage sur le chemin de Saint-Olav et se réjouit de rencontrer des pèlerins.

Après avoir joué les vedettes, nous reprenons une dernière fois le chemin qui descend maintenant vers la ville. Les pisteurs ont eu la bonne idée de contourner la ville par les hauteurs et éviter ainsi sa traversée. Du sommet, nous avons une vision d'ensemble de Trondheim et une belle vue sur la cathédrale. Cette arrivée me rappelle le Monte del Gozo (le mont de la joie), la colline par laquelle arrivent les pèlerins quelques kilomètres avant Santiago de Compostela. D'ailleurs un peu plus loin, je lis un écriteau dont le texte reprend la même symbolique en citant :

« Ici les pèlerins au Moyen Âge s'arrêtaient plusieurs siècles auparavant à cet emplacement pour contempler la cathédrale et crier leur joie d'avoir atteint Nidaros ».

Il me reste quelques centaines de mètres à parcourir et je repense à cette Norvégienne qui me parla pour la première fois de ce chemin. Je l'ai fait en toute modestie, conscient que je n'avais de compte à rendre qu'à moi-même. Pendant plus d'un mois, le chemin a été ma vie, je ne sais pas s'il m'a changé mais il m'en restera un souvenir inoubliable. Le sentiment étrange qui m'étreint se dissipe progressivement pour laisser place à une joie sans mélange lorsque je débouche sur la place de la cathédrale. Avec les cinq filles, nous laissons alors éclater notre joie. Nous nous félicitons. Embrassades, tapes sur l'épaule se succèdent pendant plusieurs minutes.

Nous posons ensuite pour la postérité en nous photographiant devant la cathédrale et la borne marquant l'arrivée au kilomètre zéro.

Je visite ensuite la cathédrale de Nidaros[28]. Avec ses 102 mètres de profondeur sur 50 mètres de largeur, c'est le plus grand édifice médiéval de Norvège. Le début de sa construction remonte aux alentours de 1320. La cathédrale est essentiellement de style gothique ; cependant les parties les plus anciennes de la nef sont de style roman. A l'ouest, le superbe frontispice est décoré de 3 rangées superposées de statues aux motifs inspirés de l'Ancien et du Nouveau Testament, ainsi que des rois et des évêques norvégiens. La magnifique rosace sur la façade ouest représente le Jour du Jugement dernier. La cathédrale est remplie de touristes. A cause de cette foule et du fort brouhaha qu'elle génère, il est illusoire de s'isoler pour prier ou méditer.

Après la visite, je me rends au Centre des pèlerins de Trondheim pour obtenir le fameux certificat de pèlerinage. Deux femmes sont chargées d'accueillir les pèlerins et de délivrer cette « *Compostela* » norvégienne. Gentiment, elles demandent mon passeport de pèlerin et examinent avec attention les dates et les tampons. Ce sont les témoins muets des kilomètres effectués, des litres de sueurs versés sur la terre norvégienne et des souffrances endurées sur les chemins.

Puis, comme un étudiant félicité lors de la réussite de son examen, je ressens un sentiment de fierté lorsqu'elles valident mon parcours par un chaud « *Congratulations* ». L'une d'elles écrit consciencieusement mon nom sur le « diplôme » nommé « lettre de saint Olav » (*Olavsbrev*), et me rend le document. En le saisissant, j'en oublie les us et coutumes de la Norvège et je les embrasse chaleureusement.

Suivant la tradition, le pèlerin doit ensuite pointer sa ville d'une épingle de couleur sur une carte de l'Europe affichée au mur. Pour moi, cela sera Nantes, la ville où j'habite. Des dizaines d'épingles recouvrent l'Allemagne, la Suède, les Pays-Bas et naturellement la Norvège. Deux épingles seulement, dont la mienne, figurent sur la France.

Une dernière poignée de main en guise de remerciements et je regagne ma chambre située dans le même bâtiment. Je dépose mon sac à dos, puis je retourne à la cathédrale pour assister à un office religieux. J'y retrouve tous mes amis. Je doute que la cérémonie soit spécifiquement, voire partiellement destinée aux pèlerins, mais peu importe. J'assiste avec respect à la lecture de textes sacrés récités en norvégien donc incompréhensibles pour moi. Nous sommes très éloignés des fastes liturgiques de la messe des pèlerins à la cathédrale renfermant le tombeau de l'apôtre Jacques en Espagne.

A la fin de la cérémonie, mes amis allemands entonnent des chants religieux de leur pays. Toute la cathédrale résonne de leurs voix. C'est beau et émouvant à la fois. Une parfaite harmonie se dégage entre ces chants et ce vaisseau de pierres. Même si je ne les accompagne pas, je savoure ces moments inoubliables.

Nous nous retrouvons une dernière fois le soir pour dîner dans une pizzeria. Nous fêtons la réussite de notre arrivée à Trondheim. Tous mes compagnons de ces dernières étapes sont là. Je retrouve Jürgen qui est arrivé plus tard dans l'après-midi. Nous nous étions perdus de vue ces derniers jours et le plaisir de se revoir le jour de notre arrivée à Nidaros est intense. Nous savons tous les deux combien ce chemin était difficile. D'ailleurs, parmi tous les pèlerins arrivés aujourd'hui, nous sommes les seuls à l'avoir parcouru intégralement depuis Oslo.

Nous formons une grande table : dix Allemands, une Hollandaise et un Français. Nous discutons tard dans la soirée. Ensuite arrive l'heure des adieux. Les sourires ne sont que des masques de façade. Chacun est triste. Nous savons que cette fois-ci, l'aventure est belle et bien terminée. Un jour viendra peut-être où les pèlerins prolongeront la fin du chemin jusqu'à Stiklestad, le champ de bataille où le roi Olav est mort en 1030 et seulement distant de Nidaros d'une centaine de kilomètres, imitant ainsi les pèlerins de Compostelle qui continuent après Santiago jusqu'à Fisterra ou jusqu'à Muxia.

Le lendemain, en descendant prendre mon petit déjeuner, un homme m'interpelle et me remet un petit papier sur lequel est écrit :

« Cher Alain,
C'était bien de te rencontrer !
Bon voyage pour toi !
Lisa et Claudia »

Elles sont parties très tôt ce matin mais ont tenu à me laisser un dernier mot d'amitié. Rarement au cours de mes précédentes randonnées, un tel message m'aura autant touché.

Je consacre ma journée à visiter la ville de Trondheim. Construite principalement en bois, Trondheim a été ravagée plusieurs fois par de grands incendies. Celui de 1681 fut de loin le plus dévastateur et conduira à une reconstruction presque totale de Trondheim. Sur la place centrale, mon chemin croise la statue d'Olav Tryggvason culminant au sommet d'une colonne de 18 mètres de haut. Olav Tryggvason est connu pour être le fondateur de la ville de Trondheim en 997. Aux pieds du roi viking se trouve la tête du dieu nordique Thor, symbolisant la victoire du roi sur les païens.

En lisant mon guide, une mention concernant les ruines d'une église a aiguisé ma curiosité ! Les archéologues pensent qu'il s'agit de l'église que Magnus le Bon a fait ériger pour son père, Olav II, quand le corps de ce dernier fut ramené à Trondheim après la bataille de Stiklestad. L'église en bois d'origine a été remplacée par une église en pierre dans les années 1100. Dans les années 1600, après la Réforme de 1537, celle-ci servit de carrière !

Quelques centaines de mètres plus loin, j'arrive à la forteresse de Trondheim. Située à une endroit stratégique, elle surplombe toute la ville et offre une vue imprenable sur Munkholmen (l'île aux moines). Avant la fondation de la ville de Nidaros, Munkholmen était utilisée comme lieu d'exécution par les Vikings qui habitaient la région. Par la suite, au Moyen Âge, aux alentours de l'an mille, des moines bénédictins s'installèrent sur l'île et fondèrent l'abbaye de Nidarholm.

En fin d'après-midi, je me rends à la cathédrale catholique qui se nomme également Saint-Olav.

La cathédrale, de construction récente, est déserte. Seulement 5% des Norvégiens se déclarent catholiques. Je m'assieds sur une des dernières travées. La seule personne présente est Sarah. Elle prie au premier rang et ne m'a pas vu entrer. Je ne la dérange pas. En partant, elle me fait un petit signe de la main, nous ne nous reverrons plus.

Douze piliers soutiennent la nef. Chacun porte le nom latin d'un apôtre. Sans l'avoir voulu, je suis assis à côté du pilier où figure le nom de St Jacobus (St Jacques). Encore une coïncidence qui ne me surprend plus !

A présent, je suis seul dans cette petite cathédrale. De pensées en pensées, la force des choses m'amène à réfléchir au temps qui passe. Dieu que ces trente deux jours de randonnée à travers la Norvège sont passés vite ! Quand j'étais enfant, j'étais un génie, je savais transformer le présent en éternité. Aujourd'hui, je connais la brièveté de la vie et je réalise que la véritable sagesse consiste à aimer tous les temps, présent, passé et futur. Chacun d'eux possède une saveur particulière : savourer le présent, sublimer son passé et réaliser ses rêves.

Tout comme la cathédrale luthérienne, la cathédrale catholique délivre une attestation de pèlerinage. Une femme présente à l'accueil m'explique que cette tâche lui incombe et, après un examen attentif de mon passeport de pèlerin, elle me remet le « *Testimonium Peregrinationis peractae ad liminae Santi Olavi* ». Je suis ainsi l'un des rares pèlerins à obtenir les deux certificats. C'est très bien ainsi. Je suis chrétien et je ne souhaite pas appartenir à telle ou telle église.

Ainsi se termine ma grande randonnée en Norvège. De ce fabuleux pays, je n'ai pas vu les grands fjords et les îles Lofoten situés plus à l'ouest, ni les aurores boréales visibles dans le grand nord.

Dans l'avion qui m'emporte à Paris où je dois prendre ma correspondance pour la ville de Nantes, une Suédoise assise à mes côtés, me voyant feuilleter le guide d'Alison Raju « *The pilgrim road to Trondheim »,* m'explique qu'elle a parcouru ce chemin l'année dernière avec son mari en partant de Selanger, un village suédois situé à côté de la ville de Sundsval, au bord de la mer baltique, pour rejoindre... Trondheim en 580 kilomètres. Les deux tiers du parcours se déroulent en Suède sous le nom d'*Olavsleden*. Elle me raconte l'histoire de ce chemin : le roi Olav II, après deux ans d'exil, tente un retour en Norvège en débarquant à Selanger, mais il est battu et tué à Stiklestad près de Trondheim. En écoutant la Suédoise me vanter sa randonnée, mes pensées s'évadent.

A présent, je sais que tout est vrai *: il n'y a pas de hasard, juste des rendez-vous*.

Guide

à l'attention des futurs randonneurs

des chemins de Saint-Olav

Statue du roi Olav II (cathédrale de Trondheim)

Les différents chemins de Saint-Olav

1. Le chemin du Gudbrandsdal

C'est le plus long des chemins de pèlerinage de Saint-Olav (643 kilomètres). Il démarre d'Oslo pour arriver à Trondheim et est le chemin le plus fréquenté (70% des pèlerins choisissent cette voie). Deux chemins au départ d'Oslo sont possibles : le contournement du Lac Mjosa par la gauche (voie de l'Ouest) ou par la droite (voie de l'Est). Les deux chemins se réunissent à Lillehammer. Il faut environ 4 semaines complètes pour le parcourir. C'est le chemin que j'ai emprunté et qui est décrit dans ce livre.

2. Le chemin de Saint-Olav *(st Olav's way)*

Le sentier démarre de Selånger en Suède et se termine à Stiklestad en Norvège (564 kilomètres). Il est bien sûr possible de continuer ensuite jusqu'à Trondheim. C'est un chemin historique car ce fut le dernier voyage d'Olav Haraldson avant la bataille historique de Stiklestad en 1030 où Olav trouva la mort.

3. Le sentier de l'Østerdalen

Le sentier « *Østerdalen* » est le plus sauvage des huit chemins. Deux possibilités s'offrent aux randonneurs :

- la voie de l'Est qui démarre à Lutnes, une petite ville située au bord de la frontière entre la Norvège et la Suède (environ 140 kilomètres).

- la voie de l'Ouest qui démarre à Rena (environ 80 kilomètres).

Les deux sentiers se rejoignent à Åkre où il reste encore 280 kilomètres de marche pour rejoindre Trondheim.

Ce chemin est réservé aux randonneurs expérimentés car il n'est que partiellement marqué. L'utilisation de cartes et d'une boussole est donc plus que recommandée.

4. Le sentier du Nord

C'est le tronçon situé le plus au nord des 8 chemins de Saint-Olav. D'une longueur d'environ 300 kilomètres, il commence devant l'église de Gløshaug à Grong dans le comté de Nord-Trøndelag pour se diriger vers le sud et arriver à Stiklestad. La quasi-totalité des communications entre le nord et le sud avait lieu le long de la côte. Au Moyen Âge, l'église de Gløshaug, ainsi que Kongsmoen, constituaient le point de départ des chemins qui allaient vers le nord.

Le tronçon qui va de Grong à Stiklestad en passant par Megard est étroitement lié au patrimoine de Saint Olav, sous la forme d'églises et de symboles royaux. Le chemin traverse les villes de Snåsa, Ogndal et Henning.

5. Le chemin de Rombo

Le chemin de Rombo est le plus ancien chemin de pèlerinage de Norvège. Il est aussi un lien important entre deux saints nordiques vénérés : sainte Brigitte de Suède (enterrée à Vadstena) et saint Olav (enterré à Trondheim). Il relie la ville de Tydal à Nidaros.

Avec presque 1000 kilomètres, il est également le plus long chemin de randonnée de la Suède. Le « *Romboleden* » part de Köping près de Mälaren en Suède, passe par Västmanland, Dalarna et Härjedalen. Après Ramundberget, il entre en Norvège.

À Skarddøra, une ville proche de la frontière entre la Suède et la Norvège, deux anciens chemins de pèlerinage se rejoignent : le sentier Rombo et le sentier Jämt-Norway. Le chemin traverse ensuite les villes de Tydalen et Neadalen et se dirige vers la ville de Selbu dont l'église était probablement d'une grande importance pour les pèlerins du Moyen Âge. Le chemin continue à travers les forêts de Malvik jusqu'à Saksvikkorsen où le pèlerin/randonneur pourra apercevoir la flèche de la cathédrale de Trondheim.

Ce chemin offre la possibilité de découvrir la culture sâme traditionnelle (peuple lapon habitant au nord de la Scandinavie).

6. Le sentier des Borgs

Le sentier des Borgs traverse les comtés d'Østfold et d'Akershus en Norvège pendant 176 km. Ce chemin ne se termine pas à Nidaros mais le pèlerin a la possibilité de continuer, à partir d'Oslo, jusqu'à la cathédrale de Trondheim en passant par le « *Gudbrandsdalsdalen* ». Cet itinéraire comporte de grandes portions idéales pour les cyclistes.

7. Le sentier Valldals

Ce chemin s'étend de la ville de Valldal située à l'ouest de la Norvège jusqu'à la ville de Dombas à l'est. Lorsque Olav II a fui le pays durant l'hiver 1028-1029, il a conduit ses navires à Valldal et, de là, il a traversé la montagne pour atteindre Lesja et Dovre. C'est ce trajet que suit le « *Valldalsleden* ».

Peu d'informations sont disponibles à ce jour sur ce chemin.

8. Le sentier Sankt Olof

Le plus récent puisqu'il a été inauguré le 25 mai 2019. D'une longueur de 1200 kilomètres, il démarre de la cathédrale de Turku en Finlande, traverse l'archipel occidental d'Åland en passant par les îles de Kökar et Sottunga.

Le pèlerin débarque en Suède à Grisslehamn. Il peut ensuite prendre un bateau qui longe les côtes suédoises jusqu'à Hudksvall ou suivre un chemin terrestre appelé « *Vikingaleden* » (le sentier des Vikings).

Les deux chemins se rejoignent au centre de la Suède pour arriver à Trondheim.

Qui peut marcher sur ces chemins ?

N'importe qui... enfin presque ! Même si les chemins de pèlerinage sont en principe de nature religieuse, tout le monde peut les parcourir à sa guise. Cependant, vous devez être en forme car il s'agit d'une véritable randonnée avec des conditions météorologiques et des étapes parfois difficiles. Soyez conscient de votre niveau d'endurance et ne tentez pas une randonnée recommandée aux marcheurs expérimentés ou en bonne forme physique.

Bien planifier son itinéraire

Même si ces chemins sont praticables pour tous les bons marcheurs, vous ne devez pas pour autant négliger de planifier votre itinéraire. Savoir comment et quand rejoindre votre destination, comprendre le terrain qu'il va falloir arpenter et avoir une idée des principales étapes est crucial pour garder le cap, ne pas perdre de temps et éviter de devoir appeler les secours.

Si la plupart des sentiers de randonnée sont balisés, connaître le temps qu'il devrait vous falloir pour aller d'un point A à un point B vous aidera à réaliser, le plus tôt possible, que vous avez quitté par mégarde le sentier. Se préparer de manière adéquate et effectuer des recherches avant toute randonnée est donc essentiel.

Quel équipement emporter ?

Il n'est certainement pas nécessaire de vous équiper de matériel de randonnée dernier cri. Tout d'abord, et c'est le plus important, il vous faut une bonne paire de chaussures. Le choix entre des chaussures de randonnée hautes ou basses vous appartient (la communauté des marcheurs elle-même n'a jamais réussi à statuer !), mais vous devez prendre quelques critères en compte lors de l'achat. Vous devez faire attention à l'adhérence et à l'imperméabilité, deux critères vraiment importants face au mauvais temps et aux surfaces glissantes.

Pour les vêtements que vous porterez, la technique de l'oignon est primordiale. Le temps ou la température restent très rarement identiques tout au long d'une étape et ce petit air frais au départ peut très bien se transformer en forte chaleur l'après-midi. En portant de nombreuses couches fines, vous pouvez les retirer une à une à mesure que le temps et votre température corporelle évoluent. Il faut aussi se munir de certains accessoires comme un chapeau contre le soleil ou un bonnet et des gants contre le froid.

Emportez un ou deux bâtons de marche, ils vous aideront à amortir les chocs sur les genoux, en plus de répartir le poids du corps sur les jambes et les bras.

Un duvet est indispensable. Prévoyez le chaud car les nuits en Norvège peuvent être glaciales même en été.

Le choix d'emporter une tente, une popote et un réchaud vous appartient mais sachez que ce matériel n'est pas indispensable et va alourdir considérablement votre portage. J'ai toujours trouvé un logement pour dormir. Toutefois, le camping sauvage, autorisé en Norvège sous certaines conditions, représente une économie non négligeable. Alors, à vous de voir !

Les pèlerins sont-ils nombreux ?

Actuellement, environ 1000 personnes seulement ont terminé le parcours et ont reçu leur lettre de Saint-Olav en 2017. Même si ce nombre augmente chaque année, il semble minuscule en comparaison des caminos de St Jacques de Compostelle qui ont comptabilisé plus de 301000 pèlerins en 2017. Il est vrai que la saison pendant laquelle les pèlerins/randonneurs peuvent marcher en Norvège est très réduite. Les sentiers ne sont vraiment praticables que de la mi-mai à fin septembre.

Le soir, vous ne serez que très rarement seul(e). En effet, les points d'hébergement sont peu nombreux et les pèlerins/randonneurs partagent souvent les mêmes logements.

Bien s'hydrater et s'alimenter régulièrement

Le corps a besoin d'au moins deux litres d'eau pour fonctionner lors d'une journée normale. Gravir une colline nécessite parfois beaucoup d'efforts et vous devrez veiller à vous hydrater et à vous alimenter régulièrement.

J'utilise une poche à eau de 2,5 litres. Elle m'évite d'avoir à remplir une gourde une ou deux fois pendant la journée et permet ainsi une bonne hydratation. Un tuyau relie la poche à une pipette qui passe par-dessus l'épaule. De plus, les sacs à dos modernes possèdent toujours une poche interne souvent isotherme pour l'intégrer. Elle permet de boire continuellement et sans s'arrêter, de petites quantités d'eau. Certes, le poids de la poche d'eau alourdit d'autant le sac à dos (du moins au début) mais quel confort de ne plus avoir à rechercher un point d'eau. Emporter la quantité nécessaire d'eau est extrêmement important.

Pour ce qui est de la nourriture, le choix est plus que vaste. Il vous faudra de petits en-cas pour un apport rapide en énergie en cours de marche et un repas de sucres lents pour tenir sur la durée. Les fruits secs et les barres énergétiques sont des alliés simples et faciles à glisser dans une poche de votre sac ou de votre veste. Une assiette de pâtes riches en glucides ou des sandwichs bourrés de protéines constitueront un repas parfait.

N'oubliez surtout pas d'emporter vos déchets avec vous. Les autres randonneurs (et Mère Nature) vous en remercieront !

Le chemin est-il bien marqué ?

Le sentier est très bien balisé sur le Gudbrandsdalsleden. De nombreuses planchettes avec le symbole en forme de croix sont suspendues aux branches des arbres mais restent visibles. Sur les poteaux, des stickers indiquent le chemin. Il y a également des panneaux directionnels. Les personnes en charge de la signalisation ont fait et font un super travail. Vous pourrez trouver des cartes téléchargeables sur le site Web. Je vous conseille l'achat d'un guide, certes en anglais, mais qui me paraît indispensable pour celle ou celui qui maîtrise cette langue : « *The pilgrim road to Trondheim* » d'Alison Raju.

Le chemin est-il dangereux ?

Non, ce chemin n'est pas dangereux. Vous avez très peu de « malchance » de faire de mauvaises rencontres. La Norvège figure parmi les pays les plus sûrs du monde et les chiens sont tenus en laisse. Donc, contrairement à l'Espagne, vous ne risquez pas d'être attaqué(e) par un ou plusieurs chiens agressifs.

Si vous partez en solo, je vous conseille, devant certaines portions difficiles (d'où l'utilité d'avoir le guide d'Alison Raju dans lequel elles sont décrites), de randonner au moins à deux. Un accident est vite arrivé et il peut être dangereux de se retrouver blessé et isolé, notamment si vous n'avez pas de réseau pour votre téléphone. Agissez comme si vous étiez en montagne. Les randonneurs étant rares, vous risquez d'attendre longtemps les secours. J'ai souvent marché seul et parfois, j'ai ressenti quelques frayeurs. Mais rassurez-vous, les endroits très escarpés et dangereux ne sont pas nombreux sur le Gudbrandsdalsleden, cependant une entorse est vite arrivée !

Ne partez surtout pas sans consulter la météo. Si vous marchez en dehors de la période conseillée (de mai à septembre), rappelez-vous qu'un agréable sentier enneigé sous un ciel bleu peut s'avérer de prime abord sans danger, mais il le deviendra rapidement si des nuages apparaissent et vous coincent dans une tempête. Dans ce genre de situation, n'hésitez surtout pas à faire demi-tour : le temps peut très vite empirer et les conséquences seront moins dramatiques si vous n'êtes pas en pleine nature. C'est la situation que j'ai vécue dans le parc de Dovrefjell lorsque j'ai fait un détour pour voir les bœufs musqués. Après avoir consulté la météo qui s'annonçait très mauvaise, je n'ai pas hésité à abréger mon séjour dans le parc et je suis redescendu dans la vallée.

Enfin, gardez un peu de place dans votre sac pour une petite trousse de secours qui devrait faire partie de tout équipement de randonnée. Pas besoin d'investir dans une trousse professionnelle, assurez-vous simplement d'avoir de quoi bander une cheville foulée et nettoyer une coupure ou une éraflure. Cette trousse pourra inclure des antidouleurs et des antidiarrhéiques. Au besoin, équipez-vous aussi de petits accessoires de secours, comme un sifflet, un couteau suisse, une torche et une couverture thermique.

N'oubliez pas la crème de protection solaire et le bâton de protection pour les lèvres.

Quelles sont les difficultés rencontrées sur le chemin ?

J'ai trouvé le chemin du Gudbrandsdal plus difficile que les chemins de Saint-Jacques-de-Compostelle. Il y a parfois de belles montées (la plus haute élévation atteint 1320 mètres). Rassurez-vous, vous marcherez le plus souvent sur des portions « tranquilles » avec des collines et des terres agricoles similaires aux caminos espagnols.

Vous devrez faire face à une météo changeante et vous préparer à affronter la pluie, le froid, les pistes boueuses et marécageuses. Il peut également faire très chaud durant quelques jours. Cette météo imprévisible vous obligera à emporter dans le sac à dos plusieurs vêtements adaptés aux conditions climatiques du moment.

Comme je l'ai indiqué dans le livre, les logements ne sont pas nombreux. Un groupe de randonneurs peut s'accaparer le soir tous les lits disponibles. Réservez votre logement au moins deux jours à l'avance de façon à replanifier votre étape dans le cas où tout serait complet.

Le site internet « Pilegrimsleden.no » permet de planifier vos étapes et vos nuits. Il donne les cordonnées téléphoniques de chaque logement. Vous pourrez ainsi réserver à l'avance. C'est indispensable.

Où manger ?

Ne comptez pas sur les restaurants pour déjeuner ou dîner : le prix des menus est trop élevé pour la bourse d'un pèlerin.

De nombreux gîtes comme les « *hytter* » sont équipés d'une cuisine indépendante pour préparer les repas.

Vous trouverez des supermarchés dans beaucoup de villes que vous traverserez. Je vous conseille les marques les plus économiques : Rema1000, Coop et KiWi :

- Rema1000 porte ce nom car, dans ses débuts, l'entreprise offrait une gamme de 1000 produits de consommation régulière à très bas prix. De nos jours, ce n'est plus vraiment le cas, mais cette enseigne reste l'une des options les moins onéreuses de Norvège.

- Coop porte bien son nom : plus avantageux grâce à son esprit de coopérative et ses rabais aux membres, les voyageurs ne feront cependant pas de grandes économies ici.

- KiWi, c'est la chaîne qui prône de se battre pour le peuple. Elle offre une sélection de produits de base à bas prix. Personnellement, je privilégiais cette enseigne.

Veillez également à toujours avoir dans votre sac à dos un minimum de deux jours de nourriture car parfois vous logerez dans un village où il n'y a aucun commerce.

Certains propriétaires ou hôtels proposent des dîners complets, des petits déjeuners et des déjeuners à emporter chaque jour (bag). J'ai choisi cette option 3 ou 4 fois durant ma marche.

Si vous tombez malade ou si vous êtes blessé ?

Vous n'oublierez pas d'emporter un téléphone (indispensable) pour appeler les secours en cas d'accident. Il y a des pharmacies dans chaque ville mais prévoyez, comme je l'ai déjà indiqué, une trousse de premiers soins.

Si vous n'avez pas de Carte européenne d'assurance maladie (CEAM), il vous faudra absolument la demander soit auprès de votre caisse, soit directement sur internet (c'est très simple). Cette carte vous garantit un accès direct aux prestataires de soins établis en Norvège, sans démarche préalable auprès de l'organisme norvégien localement compétent. Les prestations seront données dans les mêmes conditions que celles prévues pour les assurés norvégiens.

Si la délivrance de la carte n'a pas été assez rapide ou est momentanément impossible, votre caisse d'assurance maladie peut vous délivrer un « certificat provisoire de remplacement de la CEAM ». Ce certificat, délivré pour une durée de validité limitée ne pouvant dépasser 3 mois, pourra alors être utilisé dans les mêmes conditions que la CEAM.

Je conseille d'utiliser la crème NOK pour éviter les ampoules. Personnellement, pendant les 15 jours qui précèdent mon départ, j'enduis mes pieds matin et soir avec cette crème anti-frottement puis chaque matin, lors de la marche, avant d'enfiler mes chaussettes (j'achète les tubes en parapharmacie ou sur le web, ils sont beaucoup moins chers qu'en pharmacie).

Devez vous connaître le norvégien ?

Pas du tout ! Mais c'est toujours utile d'essayer d'apprendre quelques mots. La plupart des Norvégiens connaissent très bien l'anglais. Je n'ai jamais eu de barrière linguistique lors de mes voyages en Norvège. Apprenez quand même le minimum (bonjour, bonsoir, merci, au revoir...).

Où pouvez-vous obtenir des informations complémentaires ?

1° sur le WEB

Pour tous les chemins : pilegrimsleden.no (en norvégien, anglais ou allemand)
En particulier pour le chemin de Saint-Olav (st Olav's way) : www.stolavsleden.com (en norvégien, anglais et suédois)

2° dans les centres régionaux de pèlerinage

Il y a six centres régionaux de pèlerinage le long du Gudbrandsdalsleden et un sur le sentier de Saint-Olav.

Les centres peuvent vous donner des conseils concernant votre pèlerinage. Certains d'entre eux proposent un hébergement. Contactez les centres avant votre voyage ou arrêtez-vous en chemin.

Gudbrandsdalsdalen :

- Centre de pèlerinage Oslo
  Akersbakken 30

0172 Oslo
http://oslo.pilegrimsleden.no/en

- Centre de pèlerinage Dale-Gudbrand Gård
  Dale-Gudbrands Gard
  2647 Sør-Fron
  http://gudbrandsdalen.pilegrimsleden.no/

- Centre de pèlerinage Granavollen
  Granavollen 14
  2750 Gran
  http://granavollen.pilegrimsleden.no/no/om-oss/pilegrimssenter-granavollen/

- Centre de pèlerinage Hamar
  Storhamargata 125
  2315 Hamar
  http://hamar.pilegrimsleden.no/no/om-oss/pilegrimssenteret/

- Centre de pèlerinage Dovrefjell
  2661 Hjerkinn
  http://dovrefjell.pilegrimsleden.no/no/om-oss/om-pilegrimssenter-dovrefjell/

- Centre de pèlerinage de Nidaros
  Kjøpmannsgata 1
  7013 Trondheim
  http://pilegrimsgarden.pilegrimsleden.no/

Le chemin de Saint-Olav :

- Centre de pèlerinage Stiklestad
  Leksdalsveien 1
  7650 Verdal
  http://pilegrimsleden.no/no/map/poi/stiklestad-pilegrimssenter

Comment obtenir le certificat de pèlerinage ?

Pour recevoir votre certificat de pèlerinage du chemin de Saint-Olav, vous devez avoir parcouru les 100 derniers kilomètres. Cependant, vous pouvez également faire le chemin en plusieurs portions si vous ne disposez pas des 4 semaines complètes pour le terminer en une fois.

Afin de prouver que vous avez parcouru le nombre de kilomètres minimum, vous devez posséder et remplir un passeport de pèlerin similaire à la credencial du Camino de Santiago.

Vous pouvez obtenir (acheter) un passeport de pèlerin vierge dans l'un des centres de pèlerinage. Vous penserez à faire apposer chaque jour un tampon sur votre passeport, notamment dans les hébergements et les églises.

Votre passeport sera la preuve que vous avez parcouru au moins les 100 derniers kilomètres.

Vous recevrez votre certificat au bureau des pèlerins (Nidaros pilgrims center, Kjopmannsgata 1, Trondheim).

La cathédrale catholique située à quelques dizaines de mètres de la cathédrale luthérienne délivre également son propre certificat.

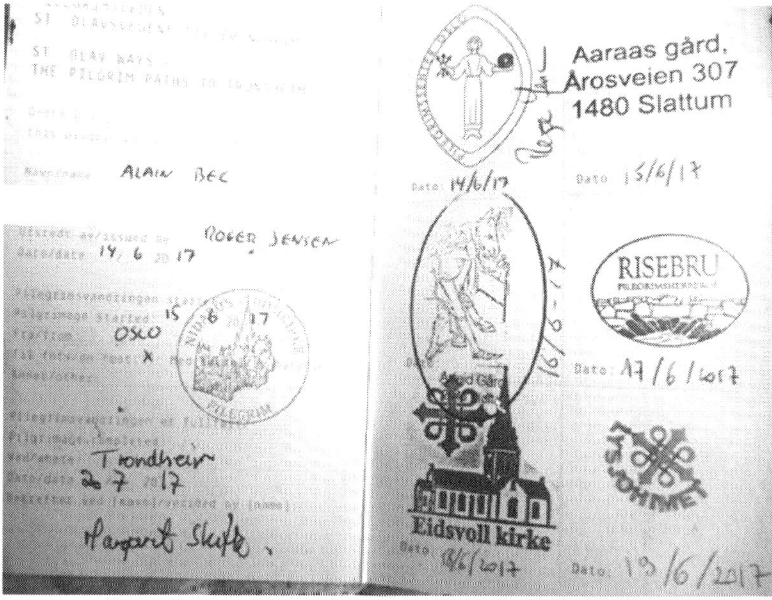

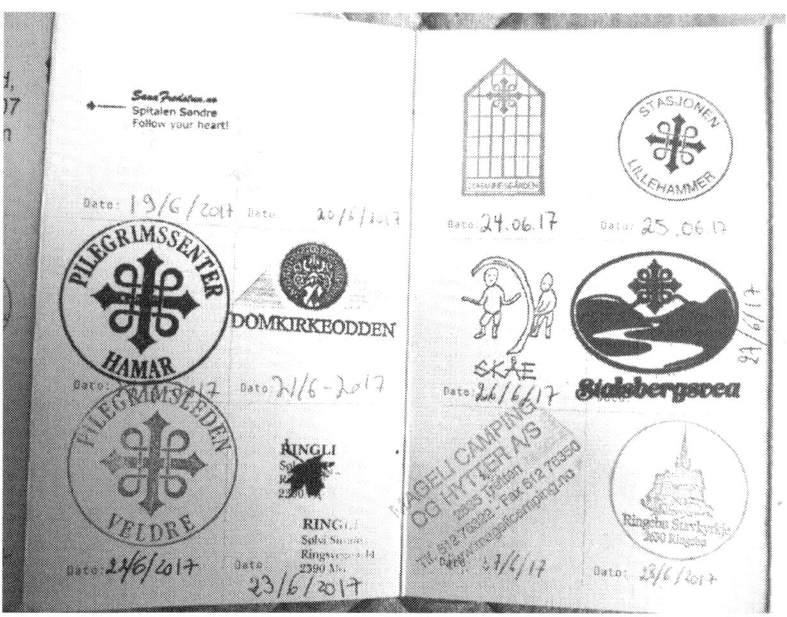

Mon passeport de pèlerinage

TRE &
TRADISJON
GILDESVOLLEN
Dato: 28/6-17
Sør-Fron Kirke
Dato: 29/6/17
BUDSJORD
Dato: 3/7/2017
Dato: 4/7/2017
Sygard Grytting
HILDE N. & STIG S. GRYTTING
N-2647 SØR-FRON
TLF.: 61 29 85 88, FAX: 61 29 85 10
E-post: post@grytting.com
Internet: www.grytting.com
NO 969 762 897
Kirketeigen
2642 Kvam
Midtveis til målet
Dato: 30/6/17
Dato: 5.7.2017.
Fysteleikyrkja
KILLI
Pensjonat
OTTA
Dato: 1/7/2017
VOLLHEIM CAMPING
DOVRESKOGEN
Dato: 02/7/17
KONGSVOLD
Dato: 6/7-17
Refuge
de
REINHEIM
(MUSKUS)
Dato: 7/7/17

Dato: 9/7/2017
Dato:
O·P·P·D·A·L PILEGRIMS FELLESSKAP S·T· O·L·A·V
Dato: 10/7/2017
LANGKLOPP FJELLGÅRD
WWW.LANGKLOPP.COM
Dato: 12 juillet 2017
PAX ET BONUM!
Pilegrimspasset er en god tradisjon fra middelalderen.
er et dokument som forteller at du er en riktig pilegrim
skal tas vel i mot der du kommer på din vandring.
Jeg hilser deg med det gamle ønsket "Pax et bonum"
og alt godt! "Pilegrimen går ikke igjennom verden for å
oppleve noe nytt – men for stadig selv å bli ny" (Augustin). Må Gud velsigne deg på din pilegrimsvandring!
PAX ET BONUM
The Pilgrim Passport is an honoured medieval tradition.
It certifies that you are a true pilgrim and should be well
received by everyone while on your pilgrimage.
I welcome you with the old greeting "Pax et bonum",
Peace and Goodness be with you! "The pilgrim does not
walk through the world with the purpose of experencing
something new – but with the purpose of being
continously renewed" (St. Augustine). May God bless
you on your pilgrimage!
Tor Singsaas,
biskop/Bishop,
Nidaros

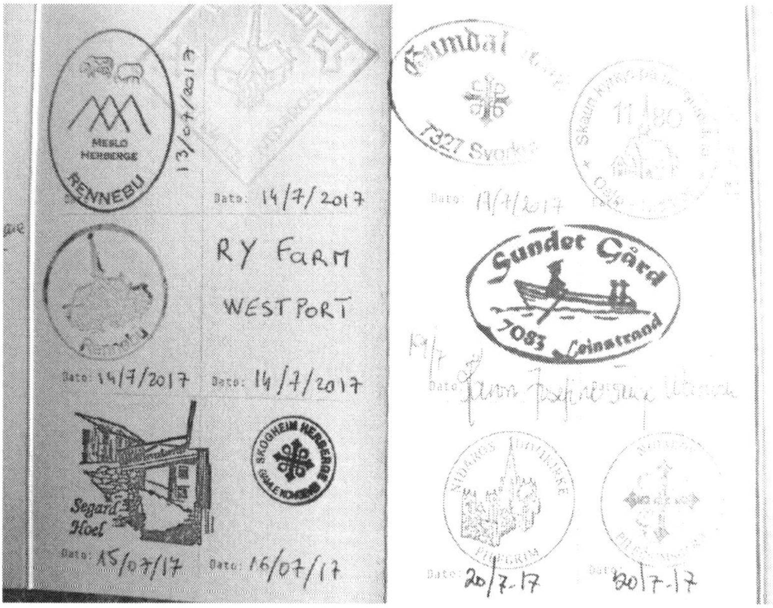
MESLO HERBERGE
RENNEBU
13/07/2017
Dato: 14/7/2017
RY FARM
WESTPORT
Dato: 14/7/2017
Dato: 14/7/2017
Segard Hoel
SKOGHEIM HERBERGE
Dato: 15/07/17
Dato: 16/07/17
Dato: 17/7/2017
Sundet Gård
7083 Leinstrand
NIDAROS DOMKIRKE
PILEGRIM
Dato: 20/7-17
Dato: 20/7-17

NIDAROSDOMEN
08428
Dato: 20/07/17
ECCLESIA · S · OLAVI · TRONDHEIM
Dato: 21/07/2017

Mon certificat de pèlerinage
de la cathédrale luthérienne de Trondheim

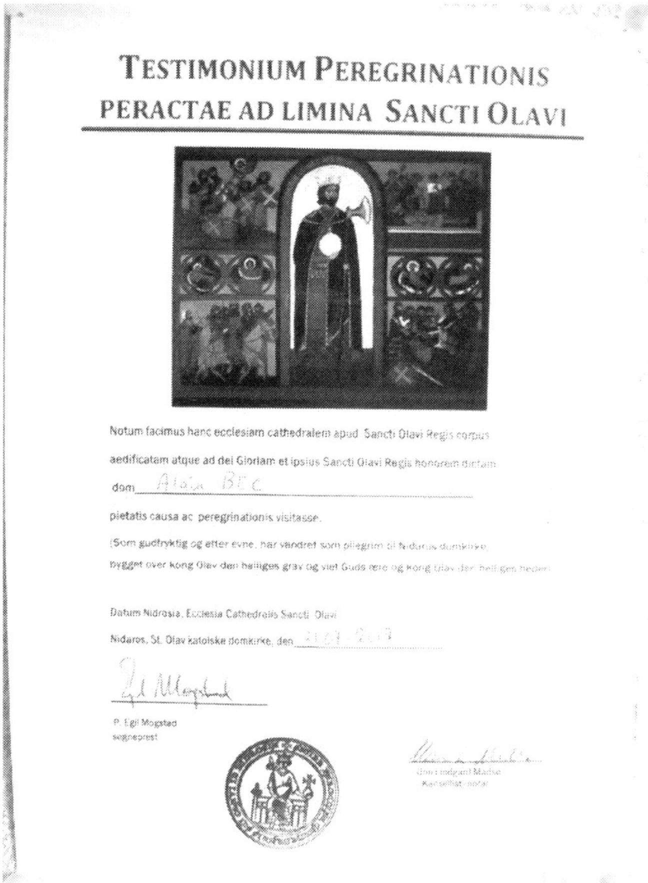

TESTIMONIUM PEREGRINATIONIS PERACTAE AD LIMINA SANCTI OLAVI

Notum facimus hanc ecclesiam cathedralem apud Sancti Olavi Regis corpus aedificatam atque ad dei Gloriam et ipsius Sancti Olavi Regis honorem dictam dom Alain BEC pietatis causa ac peregrinationis visitasse.

(Som gudfryktig og etter evne, har vandret som pilegrim til Nidaros domkirke, bygget over kong Olav den helliges grav og viet Guds ære og kong Olav den helliges heder)

Datum Nidrosia, Ecclesia Cathedralis Sancti Olavi

Nidaros, St. Olav katolske domkirke, den [illegible]

P. Egil Mogstad
sogneprest

[illegible]
Kansellist-notar

Mon certificat de pèlerinage
de la cathédrale catholique de Trondheim

Annexe

1 alainbec.canalblog.com

2 parissantiago.canalblog.com

3 L'association SEUIL, créée par Bernard Ollivier, est un lieu de vie qui se donne pour tâche de réinsérer des adolescents en grande difficulté, y compris des jeunes emprisonnés. Elle est reconnue par les administrations de l'Aide sociale à l'enfance (ASE) et de la Protection judiciaire pour la jeunesse (PJJ).
La méthode mise en œuvre est la marche à pied. Chaque jeune (garçon ou fille), accompagné par un adulte (homme ou femme), parcourt de 1 600 à 2 000 kilomètres dans un pays étranger. La marche du binôme dure cent jours. L'adolescent ne peut emporter ni téléphone portable ni musique enregistrée.
Une étude indépendante indique que 85% des jeunes reviennent avec un projet scolaire ou professionnel.
Site internet : assoseuil.org

4 pilegrimsleden.no/en

5 "The Pilgrim Road to Trondheim" d'Alison Raju aux éditions Museums Forlaget.

6 "Norvège" guide du Routard aux éditions Hachette.

7 "La longue marche" de Bernard Ollivier aux éditions Libretto.

8 Harald 1er de Norvège dit Harald à la belle chevelure

Peu de choses sont connues concernant Harald 1er. Les seules sources contemporaines le mentionnant proviennent de poèmes. Le premier poème décrit la vie d'Harald à la cour, indique qu'il a pris une femme danoise et remporté une victoire à Hafrsfjord. Le deuxième relate des batailles gagnées par Harald. Il n'est mentionné dans aucune source étrangère contemporaine.

Succédant à la mort de son père Halfdan le noir Gudrœdsson, alors qu'il n'a que dix ans, il monte sur le trône de plusieurs petits royaumes assez dispersés. Halfdan les avait conquis ou en avait hérité, et ces royaumes se situaient surtout dans le sud-est de la Norvège.

Selon le récit des Sagas, c'est en raison du dédain de Gyda, la fille d'un roi voisin, qu'Harald fait le vœu de ne pas couper ni peigner ses cheveux jusqu'à ce qu'il soit l'unique roi de Norvège. La fille d'Eric de Hordaland refuse en effet de l'épouser avant que celui-ci soit roi de toute la Norvège. Cela lui prendra dix ans. Après cela, il change l'épithète « crépu » ou

« l’ébouriffé » pour celui sous lequel il est ensuite connu : *Harald à la Belle Chevelure*.

En 866, il commence une série de conquêtes sur les nombreux petits royaumes qui composent alors la Norvège. Entre 872 et 885 (les avis divergent), après une grande victoire à Hafrsfjord près de Stavanger, il devient roi de la totalité du pays.
La dernière partie de son règne est perturbée par les luttes entre ses nombreux fils. Il leur donne des fiefs à administrer, mais cet arrangement ne met pas fin à leurs querelles qui perdureront pendant le règne suivant. Quand il se fait vieux, il transmet le pouvoir suprême à son fils préféré Éric surnommé *Hache sanglante*, dont il veut faire son unique successeur. Cela va à l'encontre du droit de succession en vigueur à l'époque qui prévoit que tous les héritiers doivent recevoir des parts égales de l'héritage.
À son décès, il avait eu huit épouses ou concubines et vingt-trois enfants. Douze d’entre eux deviendront rois, dont deux de toute la Norvège. Il est le grand-père d’Harald II de Norvège.
(*Source : Wikipedia, Harald 1er de Norvège*)

9 Rollon ou Rollo dont le surnom est *Rollon le marcheur* est parfois appelé également Robert Ier le Riche (Robert étant le nom qu'il reçut à son baptême).

En 911, en contrepartie de l'arrêt de ses pillages, il reçoit du roi Charles le Simple un territoire autour de

Rouen. Environ cent ans plus tard, cette concession deviendra le duché de Normandie.
Il est assez difficile de relater la vie de Rollon car elle est également l'objet de récits légendaires. L'historien Lucien Musset fait remarquer que « le succès de sa dynastie (Rollon est à l'origine de la lignée des ducs de Normandie) a créé autour de lui un halo de légendes ». De plus, les sources qui évoquent ce personnage sont presque toutes tardives.
Certaines d'entre elles, « Les sagas islandaises » du XIIIème siècle, le présentent plutôt comme un Norvégien. C'est cette dernière thèse qui semble prévaloir de nos jours. Ces mêmes sagas expliquent que Rollon est le fils de Rognevald, un *jarl* de la région de Møre og Romsdal, dans le centre-ouest de la Norvège. Comme beaucoup d'autres scandinaves, il est finalement contraint de quitter son pays et de parcourir les mers. L'*Heimskringla* raconte qu'il est banni de Norvège par le roi Harald à la belle chevelure pour s'être livré à des actes de pillage dans le pays.
Selon toute vraisemblance, il prend la tête d'une bande de Vikings, essentiellement des Danois et quelques Norvégiens et s'attaque principalement aux côtes de la mer du Nord et de la Manche.
Rollon aborde la *Francia* par la Seine. Il découvre une région (la future Normandie) pillée régulièrement depuis 841 par ses compatriotes vikings. Sa bande s'installe à l'embouchure de la Seine et de là lance différents raids dans le royaume franc. Rollon participe au siège de Paris entre 885-

887, puis part pour Bayeux entre 886 et 890. Battu par le roi breton Alain le Grand, il se serait replié pour hiverner à Noyon.
(*Source : Wikipedia, Rollon*)

10 Vinmonopolet est une chaîne de magasins spécialisée dans la vente au détail de boissons alcoolisées ou non. Elle a le monopole de la vente d'alcool en Norvège. C'est un organisme d'Etat dirigé par le ministère de la santé dont la création remonte à 1922.
Aujourd'hui, ce monopole représente près de 80 % du marché total des vins, spiritueux et bières fortes en Norvège (degré d'alcool > 4,75). Les 20 % restants correspondent à la distribution d'alcools par les bars, restaurants et hôtels. Ce contrôle de l'État a pour but officiel d'empêcher certains producteurs de produire des spiritueux de mauvaise qualité.

La culture de l'alcool en Norvège est un élément déroutant pour de nombreux visiteurs. La consommation d'alcool est excessive. L'abus d'alcool n'est apparemment pas considéré comme un comportement aberrant en Norvège, même par les citoyens sobres. L'âge légal pour consommer de l'alcool en Norvège est de 18 ans.

Le professeur à l'Université d'Oslo, Fanny Duckert, une psychologue norvégienne, indique que la pression est forte en Norvège. « C'est une provocation si une personne refuse de boire comme les autres ».

C'est généralement le cas lors d'événements tels que la fête de Julebord (fête scandinave se tenant dans les jours précédant Noël et, en partie, pendant le mois de novembre), mais plus encore lors de Russ, le rite pour les 18/19 ans qui quittent l'école. « Il y a une forte acceptation de l'ivresse pendant cette période par les enseignants et les parents ». (*Sources : Wikipedia, Vinmonopolet et « La culture de l'alcool en Norvège sur www.norvege-fr.com »*)

11 Olav Tryggvason est né vers 963/964 dans le sud de la Norvège et est mort en septembre de l'an 1000. Il est roi de Norvège de 995 à 1000. Il est l'arrière-petit-fils d'Harald à la belle chevelure, premier roi de Norvège.
(*à ne pas confondre avec le roi devenu saint Olav. Le prénom Olav est un peu comme le prénom Louis pour les rois français*).

Olav grandit à l'étranger : esclave en Estonie, guerrier du Royaume de Kiev, il devient ensuite un viking redouté en Baltique, puis dans les îles britanniques où il combat l'Ealdorman Byrhtnoth d'Essex en 991 et participe à l'attaque de Londres en 994. Baptisé en 994 en Angleterre avec, comme parrain, le roi Æthelred II d'Angleterre, il renonce à la piraterie. En 995, après le meurtre du *jarl* Håkon Sigurdsson, il s'empare de la Norvège et entreprend la christianisation forcée du pays, rencontrant beaucoup de résistance. Son autorité en la matière se fera sentir loin dans les pays d'influence norvégienne : Orcades, îles Féroé, Islande et même le Groenland. Olav joue un rôle important dans la conversion des Vikings au christianisme.

Au cours d'une bataille navale l'opposant à des Vikings danois et suédois, Olav combat jusqu'à la mort sur son navire *le Grand Serpent*.
Quelque temps après, des rumeurs courent, selon lesquelles Olav aurait survécu et réussi à se mettre en sécurité. Des rapports, repris par Oddr Snorrason, font état de la présence d'Olav à Rome, Jérusalem, ainsi que dans d'autres régions d'Europe et de la Méditerranée. Le roi Æthelred II d'Angleterre et la sœur d'Olav, Astrid, assurent tous deux avoir reçu des présents de la part d'Olav encore longtemps après sa mort présumée. La dernière manifestation d'Olav aurait eu lieu en 1046.
On lui attribue la construction de la première église de Norvège, en 995, et la fondation de la ville de Trondheim. Une statue d'Olav se trouve sur la place centrale de la ville.
(*Source : Wikipedia, Olav Tryggvason*)

12 Harald Sigurdsson est né vers 1015 ou 1016. Il est roi de Norvège sous le nom d'Harald III, de 1046 jusqu'à sa mort le 25 septembre 1066. Il est plus connu sous le nom d'Harald Hardrada, signifiant « *au commandement dur* », ce qui est souvent traduit par « l'Impitoyable » ou « le Sévère ».
D'autres surnoms, plus sympathiques, lui ont été donnés, tels que « l'Éclair du Nord » ou « le dernier des Vikings ».

Demi-frère d'Olav le Saint, Harald est contraint de s'exiler après la défaite de Stiklestad où il est grièvement blessé et son frère tué. Il se réfugie d'abord en Russie à Kiev, puis en Turquie à Constantinople. Mais son objectif est de reconquérir le royaume perdu par son demi-frère Olav II quinze ans plus tôt. De retour en Norvège en 1046, il s'allie avec le roi danois Sven Estridsen contre le nouveau souverain de la Norvège, Magnus le Bon, un fils illégitime de Olav II. Ils mènent des raids sur les côtes du Danemark afin de saper l'autorité de Magnus dans la région et d'y asseoir leur autorité avant de se tourner vers la Norvège.
Mais les Norvégiens refusent d'abandonner leur souverain, et les conseillers de Magnus lui suggèrent de conclure un accord avec son oncle, Harald Sigurdsson. Un compromis est atteint en 1046 : Harald devient roi de Norvège (mais pas du Danemark) conjointement avec Magnus, lequel conserve la préséance. De son côté, Harald accepte de partager la moitié de sa fortune avec Magnus qui en a précisément un grand besoin. Durant la brève période où ils partagent le pouvoir, Harald et Magnus tiennent chacun leur cour séparément, et les rares rencontres connues entre eux manquent de dégénérer en pugilat.

Magnus meurt de maladie sans laisser d'héritier en 1047. Avant de mourir, il avait décidé qu'Harald hériterait de la Norvège et Sven Estridsen du Danemark. En apprenant la nouvelle, Harald s'empresse de réunir la noblesse norvégienne et se déclare souverain des deux royaumes. Il annonce son intention d'envahir le Danemark pour en chasser Sven, mais l'armée et la noblesse, menées par Einar Tambarskjelve dit *Einar Secoue-Panse*, *jarl* de la région d'Husaby et puissant chef de guerre, refusent. L'armée norvégienne ramène également le corps de Magnus en Norvège pour qu'il soit inhumé auprès de son père à Nidaros.

Le règne d'Harald III est marqué par un renforcement brutal de l'autorité royale et de plusieurs campagnes navales contre le Danemark. En 1066, Harald III fait partie des candidats à la succession du trône d'Angleterre. Son invasion du Yorkshire est d'abord couronnée de succès, mais elle connaît un terme prématuré à Stamford Bridge, où Harald trouve la mort en affrontant Harold Godwinson, roi d'Angleterre et dernier roi anglo-saxon.
(*Source : Wikipedia, Harald III de Norvège*)

13 Ragnar Lodbrok ou *Ragnarr aux braies velues* fut un roi semi-légendaire de Suède et du Danemark, qui régna à une époque indéterminée entre 750 et 850.
Jusqu'ici, les tentatives pour identifier de façon certaine Ragnar ont échoué en raison de la difficulté à concilier les différents événements et leur chronologie. Néanmoins, la tradition d'un héros viking appelé Ragnar (ou un nom similaire) qui aurait fait des ravages en Europe vers le milieu du neuvième siècle et qui aurait engendré de nombreux fils restés célèbres demeure remarquablement

persistante, et certains de ces aspects sont documentés par des sources relativement fiables. Ragnar a vraisemblablement passé le plus clair de son temps en raids et piraterie, envahissant des pays les uns après les autres. Une de ses stratégies favorites était d'attaquer des villes chrétiennes pendant des fêtes religieuses, puisque beaucoup de soldats étaient à l'église. Il n'acceptait d'épargner ses victimes qu'en échange d'une somme énorme, et revenait plus tard en demandant encore plus pour son départ. Mais si l'on en croit l'étendue supposée de son royaume, c'était aussi un chef militaire doué.
(Source : Wikipedia, Ragnar Lodbrok)

14 Alf Prøysen (23 juillet 1914 - 23 novembre 1970) était un auteur, poète, dramaturge, compositeur et musicien norvégien. Prøysen était l'une des personnalités culturelles norvégiennes les plus importantes de la seconde moitié du XXème siècle. Il a apporté d'importantes contributions à la littérature, à la musique, à la télévision et à la radio. Il est surtout connu pour sa série de livres mettant en vedette le personnage de fiction *Mme Pepperpot* qui l'a établi comme un auteur pour enfants.
(*Source : Wikipedia, Alf Prøysen)*

15 Ringsaker est mentionné dans une saga vers 1018 quand le roi Olav (plus tard saint Olav) envoie des gens pour informer les habitants de la région d'Oppland (comté situé au centre de la Norvège) qu'il arriverait à l'automne, afin de respecter la coutume qui veut que le roi vienne y séjourner tous les trois ans en tant qu'invité.

À la date prévue, il quitte Sarpsborg et se rend d'abord à Vingulmark, un petit royaume autour du fjord d'Oslo. En arrivant, il se renseigne pour savoir si les habitants ont bien adopté le christianisme. Il punit ceux qui ne se sont pas convertis. Il part ensuite à Romerike, un autre petit royaume. Le christianisme y est encore moins pratiqué et le roi châtie tous ceux qui n'avaient pas obéi à sa volonté. Le roi de Romerike se rend alors en cachette à Ringsaker pour consulter le roi Hrorek de Hedemark. Ils décident d'envoyer des messages au roi Gudrod de Gudbrandsdal et au roi d'Hadaland, les invitant à se rencontrer à Hedemark. A la suite de cette entrevue, les quatre rois décident de résister à Olav. Mais comme dans toute histoire qui se respecte, il y a toujours un traître et ici il s'agit de Ketil Kavl, *jarl* de Riganes, qui descend rapidement le lac Mjøsa jusqu'au campement du roi Olav pour le prévenir de la rébellion.

Le roi Olav, accompagné de 400 hommes, arrive à Ringsaker le lendemain et encercle les maisons où dorment les rois. Ceux-ci sont faits prisonniers. Olav fait crever les yeux du roi Hrorek et couper la langue du roi Gudrod. Les autres rois sont bannis de Norvège. En punition, Olav prend possession de leurs terres et devient le seul à porter le titre de roi en Norvège.
(Source : Wikipedia, Ringsaker)

16 Les Sagas de Snorre

La *Saga des rois de Norvège ou Heimskringla* est un recueil de sagas écrites et compilées en Islande aux alentours de 1225 par le poète et historien Snorri Sturluson.

(*Source : Wikipedia, Heimskringla)*

17 Les Valkyries

Peu valorisé, le rôle des Valkyries n'en demeure pas moins essentiel dans la Mythologie Germano-Scandinave et a une place primordiale dans l'esprit du Viking. Le terme de Valkyrie vient de Valkyrja, du mot islandais kyrja signifiant « le choix » et Val « la mort ».

Les Valkyries ou filles d'Odin sont apparentées à la famille des Dieux de la guerre nommés Ases et ont pour devoir de venir chercher les héros morts au combat nommés Einherjars sur le lieu de la bataille, puis de les emmener dans la « Valhöll » (ou au « Walhalla » en allemand). C'est la demeure d'Odin à Asgard. Les murs y sont couverts de lances polies, de boucliers étincelants et à chaque siège se trouve une armure rutilante.

Les Einherjars, c'est-à-dire ceux qui sont morts bravement l'arme à la main lors des combats, y passent une existence enjouée, guerroyant avec enthousiasme quotidiennement sans jamais périr malgré les pires blessures subies et festoyant chaque nuit en dévorant le sanglier Sæhrímnir qui renaît chaque matin. Ils y attendent valeureusement le Ragnarök, terme signifiant "le Destin final des Dieux".

Le Ragnarök est l'idée de la fin du monde chez les anciens Scandinaves, l'âge où les hommes et les Dieux, face à leur destin, livrent ensemble un ultime combat, avant le Renouveau. Si les Valkyries, génies des morts et guerrières supraterrestres, ont le pouvoir de décider qui remportera la bataille, c'est Odin qui choisit les guerriers qui, jugés véritablement dignes et courageux, mourront afin d'avoir l'honneur d'accroître son armée en vue du combat suprême du Ragnarök. Si les Valkyries ne se plient pas à sa volonté et n'appliquent pas ses décisions, elles seront condamnées à vivre comme de simples mortelles pouvant avoir époux et enfants.

Si dans la société Scandinave, mourir courageusement au combat fut un honneur et que les Valkyries, expertes en bravoure, offrent gloire et victoire sur le champ de bataille, il ne faut pas oublier qu'elles n'en restent pas moins, à l'origine, des créatures mortuaires démoniaques redoutables, se délectant de corps démembrés, appréciant les tueries sanguinaires, les carnages de la guerre et le triomphe de la mort, n'hésitant nullement à massacrer elles-mêmes les guerriers dont le destin est de périr, afin d'avoir le plaisir de les choyer dans la Valhöll.

L'identité de la Valkyrie véhicule indéniablement une notion de mort au combat, une mort violente réclamée par le destin. La Valkyrie est le lien fondamental entre le guerrier et sa mort. A la fois obscurité et lumière, belles et sinistres, ces

majestueuses vierges funestes furent craintes et respectées de tout Viking.
(*Source : noreg.canalblog.com/archives/ 2005/10/12/779638.html*)

18 Håkon Ier surnommé « le Bon », né vers 920, mort vers 961, fut le troisième roi de Norvège.
Il est le plus jeune fils de Harald Ier dit « à la belle chevelure ». A la suite d'un accord de paix conclu entre son père et le roi d'Angleterre Athelstan, il est élevé à la cour de celui-ci. Il échappe ainsi au fratricide où son demi-frère aîné Éric dit « hache sanglante » tue ses 17 autres frères et demi-frères.

Le roi anglais lui fait suivre une éducation chrétienne et, à la nouvelle de la mort de son père, lui fournit des bateaux et des troupes pour organiser une expédition contre le nouveau suzerain. À son arrivée en Norvège, Håkon obtient le soutien des propriétaires terriens en leur promettant de réduire leurs taxes.
Défait, Éric doit quitter la Norvège. Ses fils s'allient avec les Danois pour reprendre le trône de Norvège, mais sont systématiquement battus par Håkon. Ce dernier réussit tout, sauf à contraindre ses sujets à adopter le christianisme qui soulève une si grande opposition dans le pays qu'il préfère arrêter de l'imposer comme religion. Il est mortellement blessé à la bataille de Fitjar, une ville située à l'ouest de la Norvège, qu'il vient pourtant de remporter contre les fils d'Éric.
(*Source : Wikipedia, Håkon Ier de Norvège*)

19 Les trolls vivent dans les nombreuses montagnes de Norvège. Leur chef est le Dovregrubben (le roi du Mont Dovre).
Quelques trolls sont des géants. Sur leurs têtes et leurs nez poussent des plantes et de la mousse. D'autres trolls sont très petits. On peut voir des trolls avec deux ou trois têtes ; quelques-uns d'entre eux ont seulement un œil, juste au milieu du front. Tous peuvent vivre quelques centaines d'années. On peut les observer seulement la nuit parce qu'ils n'aiment pas la lumière du jour.
S'ils ne rentrent pas dans leurs montagnes avant l'aube, ils se transforment en pierre. Bien qu'ils aient un aspect humain, leurs mains et leurs pieds ont seulement quatre doigts.
Les trolls ont de longs nez. En outre, les trolls sont rêches, hirsutes et brutes, et tous ont une queue couverte de poils.
Laids, sympas, tendres et agressifs, romantiques et sportifs, rêveurs et joyeux, ils représentent tous les aspects de l'homme : chaque personne peut trouver des traits de sa personnalité dans un troll. C'est dans leur nature d'être très timides et fuyants. Ils aiment la tranquillité et vivre en harmonie avec la nature. Ce sont des habitants des bois très ingénus et doux, mais ils se fâchent beaucoup contre ceux qui ne respectent pas leur habitat.

20 Site internet :
trollsenteret.no/fotogalleri/?m=Alpha

21 Kristin Lavransdatter est le nom commun de la trilogie écrite par Sigrid Undset, publiée entre 1920 et 1922. C'est l'œuvre la plus connue de cette romancière norvégienne qui a obtenu le prix Nobel de littérature. Les romans s'intitulent *Kransen (La Couronne)*, publié pour la première fois en 1920, *Husfrue (La Femme)*, publié en 1921, et *Korset (La Croix)*, publié en 1922. Husfrue a aussi été publié en français sous le titre de *La Femme fidèle* ou *La Maîtresse de Husaby*.
Le cycle suit la vie de Kristin Lavransdatter, une Norvégienne fictive vivant au XIVème siècle. Kristin, fille d'un fermier influent et respecté, grandit à Sil, dans le Gudbrandsdalen. Elle vit un certain nombre de conflits avec ses parents et son époux Erlend, dans la Norvège médiévale, et trouve du réconfort dans sa foi catholique.
(*Source : Wikipedia, Kristin Lavransdatter)*

22 Eystein Ier de Norvège *ou Øystein Magnusson* (1088-1123) co-roi de Norvège de 1103 à 1123 avec son frère Sigurd. Il régna dans la partie nord de la Norvège en bonne entente avec ses frères Sigurd Ier et Olav IV. Pendant l'absence de son frère Sigurd parti aux croisades, il administre l'ensemble du royaume avec une grande habilité et réussit à incorporer la province frontière de la Suède, le Jämtland, à la Norvège. Il est à l'origine du commencement de la construction de l'église Saint-Michel de Bergen et de l'établissement d'un monastère à Nordness.

Eystein Magnusson mourut de maladie à l'âge de 35 ans le 29 août 1123 à Hustad dans le Romsdal et fut inhumé dans l'église du Christ à Trondheim.
(Source : Wikipedia, Eystein Ier de Norvège)

23 Le comté d'Oppland est un comté norvégien situé au centre du pays.
Son centre administratif se situe à Lillehammer. L'Oppland s'étend des lacs Mjøsa et Randsfjorden jusqu'aux monts Dovrefjell, Jotunheimen et Rondane.
Il inclut les villes de Lillehammer et Gjøvik, ainsi que les deux plus hauts sommets de Norvège, le Galdhøpiggen et le Glittertind. Le Parc national de Jotunheimen comprend quant à lui de nombreuses espèces protégées ainsi que quelques sommets, comme le Stornubben.
Au début de l'ère viking, l'Oppland (alors appelé *Upplönd*) constituait un petit royaume indépendant. Les Royaumes de Gudbrandsdalet, de Hadeland, de Land et de Toten étaient également situés sur le territoire de l'actuel comté d'Oppland.
(Source : Wikipedia : Comté_d'Oppland)

24 Le Trøndelag est l'une des cinq grandes régions géographiques (*landsdel*) de la Norvège. Il correspond au centre du pays et comprend les deux comtés : le Nord-Trøndelag et Sør-Trøndelag.

Un habitant du Trøndelag est appelé un *trønder*. Trondheim, dans le Sør-Trøndelag, est la grande ville emblématique de la région et l'ancienne capitale de la Norvège.

Le nom Trøndelag est formé à partir du nom du peuple des *Trønder* et du mot *lag* qui signifie « loi », littéralement « où s'applique la loi des Trønders ». La région, si on lui ajoute le comté de Møre og Romsdal, forme la Norvège centrale.

À l'époque Viking, le Trøndelag était le domaine des puissants *jarls* de Lade, centré sur les plaines fertiles bordant le Trondheimsfjord.
(*Source : Wikipedia: Trøndelag*)

25 Le bœuf musqué, malgré son aspect de bovin (qui lui vaut son nom dans plusieurs langues), est en fait un capriné aberrant (c'est-à-dire très éloigné de ses plus proches voisins comme la chèvre) adapté au climat arctique.
Il habite l'extrême nord Canadien, le Groenland et l'Alaska. Durant la période de l'accouplement, les mâles s'affrontent dans de violents combats en poussant fréquemment des beuglements. A l'issue des combats, le vainqueur devient le mâle dominant de la harde.
Les bœufs musqués se nourrissent en partie de saules arbustifs et de plantes herbacées. L'hiver, ils grattent le sol pour trouver sous la neige les herbes variées qui composent leur alimentation.
Proches de l'extinction au milieu du XXème siècle à cause de la chasse, leurs effectifs ont augmenté depuis (environ 75000 animaux en 1999) et ils ont été réintroduits dans plusieurs pays, dont la Norvège.
(*Source : auteur*)

26 Jacques TATI (de son vrai nom Jacques Tatischeff) est d'origine hollandaise et russe. Il se destine d'abord au métier d'encadreur qu'exerce déjà son père. Encouragé par ses coéquipiers du Racing Club de rugby qui décèlent en lui un talent comique, il monte des spectacles humoristiques de mime sur le sport. Il est acclamé par le "Tout Paris" dès 1934.
Admirateur des films burlesques américains, il décide de co-réaliser des courts métrages, notamment avec René Clément (Soigne ton gauche, 1936). Après la guerre, il fait quelques apparitions dans des longs métrages « Sylvie et le Fantôme » et « Le Diable au corps » de Claude Autant-Lara).
En 1947, il s'attaque à un court métrage « L'Ecole des facteurs », prélude à « Jour de fête » (1947) qu'il entreprend la même année. Ce premier long métrage remporte un succès inattendu à la Biennale de Venise 1949 où il est récompensé d'un Prix de la mise en scène. Refusant d'employer des vedettes et de recourir à de grosses structures de production, Jacques Tati construit une œuvre burlesque fondée sur une observation du quotidien déshumanisé de la société moderne. Il sait également innover techniquement, tournant en 70 mm, faisant construire des décors stylisés, donnant une importance primordiale au son dans lequel se noient les dialogues.

A l'image de Charlie Chaplin, Jacques Tati crée et interprète lui-même le personnage récurrent de ses films : Monsieur Hulot. Celui-ci est le héros des

« Vacances de M. Hulot » (1952), de « Mon oncle » (1958), Prix spécial du Jury au Festival de Cannes, « Playtime » (1953) et « Trafic » (1971). Tati est adulé par la critique américaine et porté aux nues par Truffaut, mais il connaît des difficultés financières dès la fin des années 1960. Il réalise encore en 1972 un téléfilm destiné au cinéma mais qui ne sera jamais diffusé en salle : « Parade ». En 1977, il reçoit un César d'honneur et meurt en 1982.
(*Source* : *www.allocine.fr/personne/fichepersonne-2829/biographie/*)

27 Einar Tambarskjelve surnommé *Einar secoue panse* est le fils d'Eindride, un riche et influent propriétaire foncier de la région de Melhus.
Einar, devenu *jarl* de la région d'Husaby, est un puissant chef de guerre à la tête de sa propre troupe. Il apparaît dans les récits des sagas vers l'an 1000 lors de la bataille de Svolder où il combat aux côtés du roi Olav Tryggvason.

Pendant le règne du roi Olav II, sa fidélité fluctue entre le roi et les *jarls* de Lade, l'une des plus puissantes familles de Norvège à laquelle il est apparenté. Dépité de ne pas avoir été nommé *jarl* par le roi Knut II du Danemark, malgré les promesses faites après la mort de Håkon Eiriksson, il est parmi les premiers notables à promouvoir la « sainteté » du roi Olav II.
(*Source : Wikipedia: Einar Tambarskjelve)*

28 La cathédrale de Nidaros (Trondheim)
Commencée en 1070, elle sera terminée aux alentours de l'an 1300, mais sera endommagée par le feu dès 1327, puis de nouveau en 1531.
La nef ouest et le transept seront détruits. Il faudra attendre les années 1900 pour leur reconstruction. La cathédrale de Nidaros est située au bord de la rivière Nidelva et regorge sur sa façade de multiples exemples de sculptures à la fois romanes et gothiques, ce qui en fait probablement l'un des plus beaux édifices médiévaux de Scandinavie.

Siège d'un diocèse catholique, puis de l'archidiocèse de Nidaros, de 1030 jusqu'en 1537, il s'agit aujourd'hui de la cathédrale médiévale la plus septentrionale, ainsi que la seconde plus importante, en taille, de Scandinavie. Aux côtés de la cathédrale, on trouve le palais de l'archevêque.
En 1709, une fois de plus, la cathédrale sera ravagée par les flammes, puis frappée par la foudre en 1719 et de nouveau touchée par un incendie. La reconstruction du monument commencera en 1869. La restauration prendra officiellement fin en 2001.

Durant le Moyen Âge et depuis l'indépendance de la Norvège, la cathédrale accueille le sacre des rois de Norvège. Au Moyen Âge, elle fera de Trondheim l'un des lieux de pèlerinage chrétien les plus populaires avec Jérusalem, Rome et Saint-Jacques-de-Compostelle, et le plus important de Scandinavie, lieu de convergence des routes en provenance d'Oslo et des régions suédoise du Jämtland et du Värmland.

Elle est devenue cathédrale luthérienne au moment de la Réforme protestante.
Le roi Håkon VII fut le dernier roi à être couronné dans la cathédrale le 22 juin 1906. Depuis Olav V en 1957, le couronnement est remplacé par une consécration. En 1991, le roi actuel Harald V et sa femme la reine Sonja furent consacrés dans la cathédrale.
(Source : geodumonde.skyrock.com)

Sources des chapitres consacrés aux Vikings

Chapitre VI : La société viking

- idavoll.e-monsite.com
- La Vie quotidienne des Vikings, de Régis Boyer
- La Saga des Vikings, de Rudolph Pörtner
- Women in the Viking de Judith Jesch

Chapitre VIII : Les invasions vikings

- Wikipedia: Ringsaker

Chapitre X : Les Vikings et la religion

- Viking Religion par Gareth Williams
- Mythologie nordique sur Université d'Angers
- Le Vahalla sur www.dol-celeb.com/lieux/
- Le Ragnarök sur wikipédia

Chapitre XII : L'habitat des Vikings

- Le Monde nordique, éd. Thames & Hudson

- Atlas du Monde viking, de James Graham Campbell, éd. du Fanal
- La vie quotidienne des Vikings, Régis Boyer
- Les Vikings, Collectif, éd. Hatier

Chapitre XIV : Les Vikings et la mort

- Wikipedia : Funérailles_vikings

Table

ISBN 9781-07722-46-43

Dépôt légal août 2019

45199689R00132

Printed in Poland
by Amazon Fulfillment
Poland Sp. z o.o., Wrocław